塔湖·書
TOWER LAKE BOOK

主　编　张宇光　朱晋平

奇才集

奇才 柳永

张宇光 朱晋平 主编
刘超 著

山西出版传媒集团 山西教育出版社

总　序

四年前的深秋，出版人孙铁女士约我去北京，参与一套史书的策划。有两天时间，大家聚在东四八条的一座四合院里商议，吃过晚饭便沿着胡同走走。临行前，又遇到了山西教育出版社的雷社长，孙女士拿来纸笔，要我给教育社再策划一套选题，我就写了“奇才集”三个字，又开列了一串古人的名录。没想到二位老师一看便认为可行，史书的事后来暂缓，这套“奇才集”倒排上了日程。

丛书的企划要点在于选准要写的人物，回昆明后我再三斟酌挑选，以确保所选名录品质。标准必须是真正的文学艺术奇才，既有奇文奇画还得有奇事，又得在文学艺术史上站得住脚。精选出来的二十位人物均为一流，数量上已具丛书规模。

我做个企划案容易，孙老师他们组起稿来就费劲了。之后的一两年她都在操持这件事情，确定了以青年学者为班底，以前所未有的集、传结合的方式来编撰，既是原创，又兼顾阅读的雅俗，还可推出一批新面孔，显示一种新笔法，创造一个新方式。

以往有关中国古典文学的出版，都是集、传分开的，集是集，传是传。这次我们将集、传结合，非但形式新颖，重要的是能满足更多读者的实际需求，让他们一册在手，便能读到一位天纵文艺奇才的人生与作品。

选择青年学者来撰写，是想呈现一种新面貌。老学者有功底，学问扎实，他们的研究与书写偏重的是历史和政治，行文严肃。而青年学者注重的是品读和鉴赏，是人生，是文学和艺术本身。加之网络时代到来，写作和阅读都要有相应的快感，活泼的语言对读与写来说，均必不可少，这也是青年学者们的优势。

在策划案通过的两年之后，“奇才集”的书稿陆续出现在我面前。前十部稿子，均由我逐字逐句地修改删补，每改完一部还要写几百字的审读意见。从书稿的情况来看，基本上达到了策划的要求，青年学者们清新活跃的笔调，一改史传人物生平考证和背景说明的繁杂、沉闷，让读者把注意力更多集中到了人物的生活与创作的情节上来。

文艺家与政治家或企业家不同，尤其是被称为“奇才”的天才诗人、哲人和画家，他们往往个性张扬，注重自我，个人生活也富有戏剧性。政治家与企业家的人生，与社会、现实和历史关系密切，他们的“作品”，就是他们在社会历史现实中的作为。而文学家、艺术家们的人生，却大都在孤独中进行着自己的文化创造，社会历史现实对他们而言，关系时常并不是很直接，或者只是他们的人生与作品的注脚。

“奇才集”的出版，确定了以高素质青年学者为写作对象的方向，又首创了集、传结合的编撰方式，使得文丛走上了轨道，为优秀的青年古典文学学者们搭建了一个极为难得的展示平台。而山西教育出版社编辑们过硬的职业素养，那种为一个字查遍所有诗词版本的功夫，更确保了这套丛书的品位和质量。

张宇光

2016 年 5 月于昆明翠湖

目　录

第一章，汴京才子初少年

书香门第，满门官宦，家教严厉，有父勤勉，柳永便是出生在这般家庭。在人生最初的时光里，这位日后名动京城的大才子倒也没有辱没了家族的名声。从风光旖旎的武夷山下，到车水马龙的汴京城中，柳永始终顶着神童的光环。同时，他也在那少不更事的懵懂中，经历了人生最初的、美丽却短暂的爱情。

柳氏一门皆才俊

宋太祖开宝八年（975）十一月二十七日，这一天，在中国的政治史和文学史上，都是需要记上一笔的。南唐后主李煜打开了都城金陵的城门，向大宋投降，随后被宋军虏至汴京，被封违命侯，并在两年后被宋太宗赵光义以一包牵机药夺去了性命。

南唐就这样灭亡了。

说起这个历史典故，想必很多人耳熟能详。也正因为家国不幸、命运多舛，晚景凄凉的李煜看透了世间繁华，便如那句家喻户晓的“问君能有几多愁，恰似一江春水向东流”般感伤身世了。他在词坛留下了不朽篇章，被后人称为“千古词帝”。

千年之后，人们津津乐道于李煜的帝王际遇，却没有注意到，江南国灭之时，一位普普通通的监察御史困居寓所，抬头凝望，眼神之中满是沧桑：他知道自己和那许许多多人的命运，在这一刻改变了。

冥冥之中，柳永和李煜，词坛婉约派的两位掌门人，就这样被那看不见的丝线联系在了一起。

要说柳永，还得从柳永的家世说起。

柳永的祖父名为柳崇，字子高，是五代时期人物。大约是生于书香世家，柳崇饱读诗书，尤其精通儒学，享有很高的声望。或许是看到了兵荒马乱、生民流离，看多了大国倾轧、政权更替，柳崇对于为官没有丝毫兴趣，而是选择了隐居在福建建阳的武夷山下，过平民的日子，以布衣终生。

对于这位举世皆浊我独清的柳崇，宋人王禹偁在《建溪处士赠大理评事柳府君墓碣铭并序》中曾有所饰美："（柳崇）以行义著于州里，以兢严治于闺门。乡人有小忿争，不诣官府，决其曲直，取公一言。"

乡党之人有了争执，都不去官府，而是来到柳崇门前，听他一言，以作决断，由此看来，柳崇俨然是乡中德高望重的长辈了。据说当时闽国恭懿王王延政曾经招他为沙县县丞，他力辞不就。入宋之后，柳崇的六个儿子都在朝廷为官，按照常理，可以推恩赐予他官职，他却严厉地告诫儿子们"不可奏请以夺吾志"。直到去世之后，他想阻止也阻止不了，朝廷才得以追赠他官衔，累赠至工部侍郎。

柳崇既然以儒学知名，自然深得孔子的教育之道。王禹偁所谓"诸子诸妇，动修礼法，虽从宦千里，若公在旁，其修身训子有如此者”。他的子女和儿媳，举动恪守礼法，即使是在千里之外为官，也似乎父亲柳崇就在身边一样，进退合度。家教如此，柳崇的六个儿子，柳宜、柳宣、柳宏、柳宗、柳密、柳察自然是学有所成，得以踏上仕途。虽然不是高官显宦满门朱紫，但如此成就，亦足以光耀门楣、让人艳羡了。

柳永的父亲柳宜是福建崇安人，柳崇的长子。既然有着良好的家教，柳宜自然也是饱读诗书，满腹经纶。或许是性格上的一脉相承，柳崇以乱世不仕证其风骨，柳宜则是以直言不讳表其公正。身为一介布衣，他就曾“褐衣上书言时政得失”，以文章才华得到了后主李煜的器重，由平民走入庙堂，在南唐入仕，一直做到了监察御史。

监察御史是为监察百官而设置的，品级不高，权力却很大，是个容易得罪人的职位。柳宜为人刚正不阿，直言敢谏，俨然成了贪官污吏忌惮的对象，王禹偁称赞他“多所弹射，不避权贵，故秉政者尤忌之”。

宋人郑文宝的《江表志》曾有记载：

柳宣（此处应为柳宜）为监察御史，居韩熙载门下。熙载以帷簿不修，责受太子右庶子分司南都。议者疑柳宣上言者。宣为自明，乃上章雪韩熙载事。后主叱之曰："尔不是魏征，颇好直言！"宣曰："臣非魏征，陛下亦非太宗！"

柳宣并未做过监察御史，查其文字经历，反倒是与柳宜暗合，而且"宣"与"宜"字形相近，应该是有所讹误，郑文宝所记的应是柳宜事迹。面对李后主的呵斥"你又不是魏征，怎么这么喜欢直言"，柳宜没有退却，没有忘记身为监察御史的职责，而是直指后主："陛下您也不是唐太宗！"这等气势，不得不让人敬佩。如此看来，柳宜的确是个可堪重用的骨鲠之臣。

然而世事难料，南唐国灭，柳宜的命运就此改变。

当此之时，柳宜年岁约在四十，对于仕途来说正值壮年，日后成就难以估量。他为监察御史，居于金陵，可面见国主，前途可期。然而，入宋之后，他曾经的仕途履历却只能被称为"江南伪官"，是被正统宋朝官员所看轻的。也正是"江南伪官"这不大不小的污点，让柳宜在此后的十数年间奔波游宦，尝尽了辛苦滋味。

覆巢之下安有完卵？南唐国灭，连后主都死于人手，这帮江南旧臣的日子自然也不会好过。宋人王林《燕翼诒谋录》记载，"江南初下，李后主朝京师，其群臣随才任使，公卿将相多为小官”。作为南唐的监察御史，柳宜的命运即是如此。或许是为了经济天下的理想，又或者仅仅是为了满足一家老小的生活，入宋之后，柳宜选择了忍气吞声，告别锦衣玉食的生活，告别江南烟雨中的金陵，携家眷北上，先后在雷泽（治所在今山东鄄城县东南）、费县（今山东费县）、任城（今山东济宁市）担任县令，开始了另外一段为官生涯。

大概是在宋初太平兴国三四年（978、979）的时候，柳宜在费县任县令，柳宣以校书郎的官职在济州任团练推官，年过六十的柳崇渡过长江，去看望他的儿子们。柳崇先到了济州，接着又前往京师汴京（今河南开封）。或许是花甲之龄的柳崇经不起旅途上的舟车劳顿，他在京师得了重病，不得不乘轿返回济州，然病情甚重，久治不愈。太平兴国五年（980），六十三岁的柳崇在济州官舍去世。柳宜等人经过安排，将父亲葬在了济州郊野。

传说柳崇下葬之后，许多精通风水之人曾看过他的坟墓，纷纷摇头，认为风水不好，将对后人不利。眼见如此情状，柳宜等人也觉得改葬为妥。可是事有不巧，此时天下刚定，公事繁忙，柳宜兄弟无法抽身，改葬一事只能就此拖了下来，哪知道，这一拖就是漫长的六年。

六年时间过去了，天下已经大定，柳宜和诸位兄弟终于偷得了些许空闲，便商量着要挑选一个绝佳去处，给自己的父亲改葬。他们跟着风水先生在费县转了三四天，终于找到一块先生口中的风水宝地，于是便准备动工了。哪知道开工那天，挖开了土层，工匠突然发现地底下有一块坚硬的石板，挖不下去，便问柳宜如何是好。柳宜心想，这是石板盖着亡人头啊，绝对不是吉祥之意，便询问风水先生的意见。风水先生看了看墓穴，笑道："这哪里是磐石压顶，分明是玉带缠腰，是好兆头。想办法把石板打开吧，只要能安放棺木就行。"

好不容易破开了石板，众人一看，都大吃一惊：想不到石板之下居然有一汪清水，清水之中，一条小鱼正欢快地游来游去。风水先生说："我看阴宅风水四十多年，从来未遇到过这等奇事。"

宋太宗雍熙四年（987），也就是在柳崇迁葬后的第二年，济州任城（今山东济宁）县县令柳宜家出了一件大喜事，年已五十的柳宜老来得子，妻子刘氏给他生下了第三个儿子，也是第七个子女。

这个孩子，就是柳永。

相传，那条石板下的小鱼就是柳永的化身。这样的传说带上了不少神秘色彩，当然不可取信，可鱼水相投，不正是柳永的真实写照么？鱼，是水中之物，水中之鱼，自然轻松愉悦，优哉游哉；可是一旦离开了水，就如同无土之木一般，只能坐以待毙。柳永一生，以风流自诩，以艳词知名，汴京城里的秦楼楚馆，歌妓怀中的温香软玉，不正是柳永这条自由自在的鱼儿遨游的水域么？

武夷山下的柳永纪念馆

此时的柳永，还不叫“柳永”这个让人们记忆千年的名字。年过半百的柳宜对于这个小儿子颇有希冀，给他取名三变，字景庄，因为排行第七，又叫作柳七。

柳永之上，有两位哥哥，分别叫作“三复”、“三接”。柳永名“三变”，自然与他的哥哥们名称辈相符。“三变”，意义取自《论语·子张》：“君子有三变，望之俨然，即之也温，听其言也厉。”意思就是君子看上去有三重变化，远远望去，非常庄重；接近之后，温和可亲；听他说话，又很严厉。至于柳永初字“景庄”，古人的名和字大都意思相同或相近，“景庄”也就是“望之俨然”之意。

柳宜给自己的儿子取“三变”、“景庄”这般的名、字，就是希望三变日后成为翩翩君子，却想不到三变这个“君子”，却是变到青楼里去了。

作为家里的小儿子，柳永自然深受父母器重。在任雷泽县令时，柳宜已开始与宋代著名的诗人、散文家王禹偁结交了，两人兴趣相投，终身相契，可谓至交。这位王禹偁出身寒门，家中以磨面为生，少时就已经是才华出众、引人注目了。据载，王禹偁九岁就能为文，是当时有名的“神童”。

王禹偁于太平兴国八年（983）考中进士，踏上仕途，有《小畜集》《五代史阙文》《诗集》等著作存世。有友如此，柳永在柳宜的眼中，必然也是一块待琢的璞玉。

柳崇教育子女十分严格，作为长子的柳宜想来更不会例外，他也让自己的三个儿子自小就受到了良好的家教。也正因如此，日后才有柳氏三兄弟“皆工文，号柳氏三绝”（清张思岩《词林纪事》）的光辉事迹。

在那少不更事、牙牙学语的日子里，年幼的柳永和自己的兄长们，在父母的呵护下，于山东任城度过了人生最初的时光。此时的柳永，还不懂得什么是花前月下，什么是千里婵娟，只是在举家团圆的幸福中慢慢成长着。只不过，如此美满的日子显得有些短暂。

宋太宗淳化元年（990），柳永年仅四岁。这一年，父亲柳宜有了动作。

虽然是县令的儿子，但柳永的幼年时光离“富贵”二字还有着不小的距离。转入宋朝的柳宜，仕途展开得并不顺利。王禹偁《送柳宜通判全州序》记载，他“连尹三邑州县之职，困于徒劳，居低催穷辱之中，有死丧疾病之事，旅鬓生雪，朱衣有尘，知其气业者共惜之”。连续三处担任县令，柳宜的生活并非是官老爷般的舒适优越，反而是苦于辗转，困于贫穷，只是在勉强维持外表还算体面的生计而已。

说起柳宜的遭遇，这里不得不说几句宋代的官制。

在有宋一代的时人眼中，只有京官和朝官才是仕途的真正开端。京官，即在朝廷任职的官员。而朝官，又称为“升朝官、常参官”，是高于京官，平时能参与朝见的官员。不论是否进士出身，初入仕途的，都只能被称为“选人”。“选人”身份，只能在一些低级官职之间，根据资历慢慢升迁，想要进入京官朝官序列青云直上，并无可能。

由“选人”进入京官朝官序列，需要有五位官员举荐，且其中一位必须是监司官，再经过吏部考察合格，才能在京师聚集，由皇帝亲自决定分甲，进而任命。这个举荐及考察的过程，称为“改官”。改官之后，才能算是正式踏入仕途。

柳宜在南唐“褐衣上书”而入仕，自然不是进士，身份是有些低下，可他经过三任县令，在宋已有十五年仕履，按说走上改官之路，论资历已经是十足的了。可是宋代的朝廷，对于柳宜这样的“江南伪官”是排斥的。有宋一朝，凡是外任州县的官员，不管品级多低，都可以着三品官衔的紫色官服，称之为“借紫”，借以荣身。然而“江南伪官”却不在此例，只能服绿。正因如此，柳宜才会“朱衣有尘”，备受轻视。可能也正因为如此，作为“江南伪官”的柳宜虽然资历已够，却找不到合适的举荐之人，改官之路坎坷不堪。

宋太宗淳化元年（990）正月初一，朝廷撤销了对“江南伪官”官服的限制，一同被削弱的当然也有对于降臣的蔑视之意。听到这样的好消息，已经准备许久的柳宜终于下定了决心。他一如既往，信心满满地携带了自己写的三十卷文章，独自前往汴京面圣，请求以文笔自试。

柳宜此次请试，不由得让人想起他在江南的那次“褐衣上书”。这位伟大词人的父亲也是文采斐然，博古通今，特立独行。此次上书，他颇得皇帝和宰相的器重，改官之事十分顺利，被任命为全州通判。王禹偁《送柳宜通判全州序》称其“有职者荣之，与夫谄权媚势、奴颜婢色、因采风谣司漕运者言而得之者远矣”，即比起那些奴颜婢膝，靠着谄媚举荐人上位的人来，柳宜显然要光荣得多了。

虎父无犬子，有父如此，柳永又岂能无一番作为？

虽说父亲的仕途终于展开，是一件可喜可贺的大喜事，但全州（今广西全州）在宋代属于边远地区，为了防止边疆生变，按照宋制，不允许就任官员携带家眷前往。无奈之下，柳宜只能和自己的妻儿道别，将年幼的柳永送回了福建崇安（今福建武夷山市）的老家。

武夷山位于福建省西北部，闽赣两省交界处，峰峦叠嶂，云霞秀蔚，素有“碧水丹山”的美誉。柳永的童年时光，便是在那鬼斧神工般的山水之间度过的。

武夷神童，汴京才子

离开了父亲，年仅四岁的柳永随着哥哥三复、三接，来到了位于福建崇安五夫里（今福建武夷山市）的老家，由母亲刘氏和祖母虞氏照料。

从山东的县城，来到了风光秀丽的武夷山金鹅峰下，清晨时分，听得数声鸡鸣，和着舒爽的清风，伸个懒腰；中午光景，望见几家炊烟，吃一顿香甜可口的农家饭菜；闲暇之时，和两个哥哥，或是村中小伙伴们，嘻嘻闹闹，在山间林海之中穿梭往返，渴了便捧起一掬清泉饮上几口。这或许就是柳永幼年的生活。

虽然没有了父亲在旁严厉督促，柳永在玩耍之余，却也不曾偷懒。据说，柳永家门前有一条柳叶河潺潺流过。平日里，柳永便手执一支笔，蹲在河边的大青石之上，对着平滑如镜的水面临摹。一开始柳永只有孱弱的气力，字自然也是写得歪歪扭扭。可日复一日地坚持下来，青石上的青苔都被磨得不见了，还能隐隐看见足迹。柳永自然也是熟能生巧，轻易便能笔走龙蛇，写出优美的书法了。每次春节时分，或是遇到婚丧嫁娶，乡亲们都要向柳永求上一副对联。柳永写的对联自然是非常好，乡亲们称为“柳联”。而那块留下了柳永足迹的大青石，又被乡亲们称为“磨砺石”。

在被母亲叮嘱着学习的闲暇时分，柳永的孩子心性，也会使他拉着母亲、祖母或者哥哥们，前往武夷山中的风景秀美之处观光游赏。武夷山水如一幅碧染的画卷，令年幼的柳永流连忘返。

一日，柳永慕名前往武夷山中的中峰寺游玩。原本只是一次简简单单的远足，哪知道中峰寺处风景甚好，柳永一下子着了迷。此后他又屡次来此，且不禁诗兴大发，挥笔写就一首《题中峰寺》：

题中峰寺

攀萝蹑石落崔嵬，千万峰中梵室开。
僧向半空为世界，眼看平地起风雷。
猿偷晓果升松去，竹逗清流入槛来。
旬月经游殊不厌，欲归回首更迟回。

诗中的柳永真是个爱玩的孩子。想那中峰寺远在山峦之中，必经过一番艰苦的跋涉，才能在重峦叠嶂、怪石跌出之间，瞥见寺庙飞檐的一角。待上了山来，于庙中远眺，又感觉脚下极其高远，竟然好似在半空中一般，耳边有风雷之声。仔细瞧那林海之间，一只顽皮的猴子正快速地攀爬，偷摘松果；清澈的山泉，经过修长翠绿的竹丛，流入庙内，真是别有一番情趣。遇到这样的美景，善于发现美的柳永自然是不会放过，即使是游玩整月，也不会厌倦，有时候天晚要走，也不禁连连回头，却是舍不得良辰美景呢。

武夷山风景

柳永在崇安的时日不算太长，作此诗时，算来算去不超过七岁。七岁能写出这样的诗句，真的可算是“神童”了。

光阴荏苒，千年岁月竟也如一挥手般匆匆流逝。今日，武夷山当地还流传着柳永秉烛夜游的传说，乡亲们仍在盛赞柳永的才名，称他为“金鹅峰下一支笔”。

淳化四年（993），父亲柳宜在全州任满，迁官至参

赞大夫，被调往京城任职。七岁的柳永又跟随哥哥与母亲，离开了居住四年的淳安老家，前往北宋的京城——汴京，一家终于团圆。

从这一年以后，柳永便随着父母在汴京长居。一个七岁的孩子，幼年之时两次迁徙，终于安定在了北宋最为繁华的都城，当此之时，他的所见所闻便是今后漫长人生当中最为浓重的底色。柳永的诗词里，有着不少魂

北宋张择端《清明上河图》中的汴京

牵梦萦的故乡意象，这些意象所指的，都是那个歌舞升平、繁花似锦的汴京城。而柳永也注定和这座城市，和这座城市撩人的春光，结下了缠绵千古的不解之缘。

汴京，又称东京，即今天的河南开封，而北宋时期的汴京城，正是这座十朝古都最为容光焕发的时候。五代时期的梁、晋、汉、周都建都于此，北宋统一，仍然把汴京作为都城。经历了近乎百年的建造积累，此时的汴京已是世界大城市之中当仁不让的翘楚了。汴京有宫、里、外三道城墙，将整座城市一分为三：宫城，即皇宫，是帝王的居所，周长五里，一派天子气象；里城，即唐代汴州旧城，周长二十里；外城改筑后周长五十里，城高四丈，远远望去，汴京城楼雄伟，气势恢弘。汴京城外还有名为“护龙河”的护城河，比汴河还要宽上三倍。

偌大的城市之中，居住着超过百万的人口，每日人来人往，摩肩接踵，香车宝马，络绎不绝。跟着父母走进了汴京城，柳永和三复、三接两位哥哥不过是从崇安乡下来的土包子，哪里见过这样的世面，当即便沉浸在了喧哗热闹的氛围里，寻找那引得游人驻足的杂耍，或是气味诱人的吃食去了。

此时的汴京城，商业尤为发达。北宋孟元老《东京梦华录》记载，汴京城中，衣有纱行、布行、彩帛铺等等；食有鱼行、米行、肉行等等；住有酒楼、酒店、客店等等；玩有瓦子、妓院……各种店铺，林林总总，令人目不暇接。城中有“夜市”、“早市”，还有交易文物、只在深夜开张的“鬼市”。许多店铺，夜市直至三更方尽，五更天又重新开张，招徕客户。汴京城中，即使是深夜，也是灯火辉煌的不夜天，喧嚣与叫卖之声不绝于耳。

按理来说，柳宜有着参赞大夫身份，柳永此时应该在太学之中埋头读书。虽然汴京是个满目琳琅的花花世界，但父亲的严格教育和一番风霜仕履的现身说法，让年少的柳永深深懂得了读书进学的重要程度，他曾以不算成熟的语句，写过《劝学篇》一文。柳永一生，文章几乎不存，这《劝学篇》倒是在时光浸染之中，有幸留下了些许片段：

父母养其子而不教，是不爱其子也。虽教而不严，是亦不爱其子也。父母教而不学，是子不爱其身也。虽学而不勤，是亦不爱其身也。是故养子必教，教则必严，严则必勤，勤则必成。学则庶人之子为公卿，不学则公卿之子为庶人。

由此可见，小小年纪的柳永就已经知道了勤奋学习的重要性了。“学则庶人之子为公卿，不学则公卿之子为庶人”，进士制度肇始于隋，完善于唐，光大于宋，柳永此语倒是应景的实话。这篇《劝学文》不知因何而作，或许是太学之中布置下来的功课，但想必也是父亲柳宜对于柳永的期望所在。

柳宜在朝中任官，官宦之间的应酬自然不少，作为父亲最为疼爱的小儿子，柳永有时候也会作陪。与柳宜相交的官员朋友们，对于这个颇有才气的后辈也是十分喜爱，也常常带上他，一起宴会作乐，兴致正酣时，也会叫上些歌妓，唱上几首时兴的小曲儿。此时的柳永尚不懂得什么男女之事，只是听见这婉转动听的曲子，看见那风姿绰约的歌女倩影，起了太多的爱美之心。他爱这清丽美艳的曲词，当然，也面带少年的青涩，偷偷瞥着那不可方物的佳人身影。

闲暇之时，柳永尝试着写起词来。在宋初文人的眼中，词虽然是茶余饭后只作消遣之用的小道，却也是马虎不得的纸笔功夫。少年柳永颇有着一股认真的心性，便四处搜罗好词，轻轻地读，细细地想。偶然之间，柳永得到了一首《眉峰碧》，这首词意境凄婉，感情真挚，柳永喜欢得不得了，日夜诵读，手不释卷，后来干脆写到了墙壁之上，方便自己阅读，仔细揣摩词中的章法。

眉 峰 碧

蹙损眉峰碧。纤手还重执。镇日相看未足时，忍便使鸳鸯只。 薄暮投村驿。风雨愁通夕。窗外芭蕉窗里人，分明叶上心头滴。

或许，正是一首《眉峰碧》，造就了日后那个多愁善感的柳永，柳永词中那爱怨纠缠的情感，缠绵悱恻的情思，不正如此词一般，令人回味无穷么？

看见儿子如此痴迷于词，父亲柳宜原本有着些许的不满，可是看见儿子作词时专注的样子，词成之时满足的微笑，他又有些踟蹰，恍惚之间，时光似乎倒流到了自己在金陵的那段壮年岁月，似乎那个给了他荣华富贵，让他一生抱负得以施展的俊朗男子，也常常流露出这般的神情。随着一声长长的叹息，柳宜只是略略叮嘱了几句不能放松学业之类的话，便是听之任之了。

于是，在家庭的宴饮之上，在父亲与官宦的酬唱之中，柳永由一个贪玩的惫懒少年，长成了清朗俊秀、才华横溢的翩翩君子，生出了一颗情感丰富、极易感伤的词心。这首作于少年时期的《凤栖梧》，便如实描绘了其当年静坐听曲的那一幕。

河南白沙宋墓壁画《小唱图》

凤 栖 梧

帘内清歌帘外宴。虽爱新声，不见如花面。牙板数敲珠一串。梁尘暗落琉璃盏。

桐树花声孤凤怨。渐遏遥天，不放行云散。坐上少年听未惯。玉山将倒肠先断。

新声：即新制的歌曲和歌词。

牙板：即歌女演唱时打节所用，以竹木、檀木或象牙制成的小板。

梧桐花声孤凤怨：即形容歌声如孤凤怨鸣，古人以为凤栖梧桐之上。《诗经·大雅·卷阿》："凤凰鸣矣，于彼高冈；梧桐生矣，于彼朝阳。"唐孔颖达解释为"梧桐自是凰之所栖"。

渐遏遥天，不放行云散：指声传九天，响遏行云。

玉山将倒肠先断：指人还没醉，就已感伤肠断。南朝宋刘义庆《世说新语·容止》形容嵇康"其醉也，若玉山之将崩"。

词中的柳永，怕是和父亲一道，陪着客人宴饮、听曲吧，歌妓端坐帘内，咿呀唱着一首未曾听过的新曲子，这让年少的柳永颇觉新奇。婉转的歌声，让血气正旺的他不禁幻想帘内的佳人面貌：一定是貌美如花。牙板声如珠玉，轻微的震颤让梁间灰尘暗落于琉璃盏上，无人知觉。

歌妓所唱的新曲，一定是一首绝妙好词，歌妓也一定生了副好嗓子，否则断不会让柳永沉浸于"桐树花声孤凤怨。渐遏遥天，不放行云散"如此这般出神忘我的联想。端起酒杯，轻呷一口，柳永还没感觉到口中酒意，尚未醉倒，心中便已被曲子感染，感伤肠断了。

才子佳人，难得双美

知子莫若父，读了柳永的词，父亲柳宜首先想到的不是小儿子的过人才华，而是儿子词中所表达的佳人意象。这位久经宦海的庄重角色不禁眉头紧锁，考虑起小儿子的终身大事来。

宋真宗熙平四年（1001）年初，柳永已经十四岁了。在千年之后的现代，十四岁可能还只是童心未泯的孩子，但古人婚嫁较早。柳宜此时仕途顺利，家境也算得上优越，况且，他可是老来得子，虽然柳永年纪尚小，他却已是六十四岁的高龄了，若是不趁早些将儿子的事情都安排妥帖了，又如何能够安心？

事情大约是极其顺利的，柳宜多年的积累，总算成了儿子有力的庇护。于是，在父母之命、媒妁之言下，情窦初开的柳永将一位年龄与他相仿的陌生女子迎进了家门，成了他的妻子。

很是遗憾，这位女子只是尘世之间的凡人过客，自然不能如王侯将相般留下记载，以至于千年之后，我们甚至不能知晓她的名姓，只能在薄薄一本《乐章集》中，捕捉几许缥缈的佳人身影。但柳永偏偏是多情的，他的词中，描写佳人美女的太多，以至于哪些是写给妻子的伉俪之情，哪些是写给歌妓的风流之作，殊难分辨，闹得不少人将柳永风流浪子的一面，变成了以偏概全的唯一。老实说来，《乐章集》之中，写给这位不知名妻子的诗歌数量颇为不少，柳永这位日后深陷到秦楼之中的多情才子，也有着专情至深、此生不渝的少年心性呢。

对于这桩父母安排下的婚事，年轻的柳永自然有着无数的期待，等看到了妻子的容貌，少年跃动的心性总算是得到了满足：妻子是位风姿绰约、正值笄年的美人儿。古代女子，十五岁及笄，柳永夫妻其实都是小小的年纪，新婚燕尔，如这首《斗百花》，别有一番娇羞的风情。

斗 百 花

满搦宫腰纤细，年纪方当笄岁。刚被风流沾惹，与合垂杨双髻。初学严妆，如描似削身材，怯雨羞云情意。举措多娇媚。

争奈心性，未会先怜佳婿。长是夜深，不肯便入鸳被。与解罗裳，盈盈背立银釭，却道你但先睡。

搦：持、拿之意。

满搦宫腰纤细：形容妻子腰肢纤细，盈盈一握。

笄岁：古代女子十五及笄，视为成年。女子未成年之时，留两个圆形发髻的发型，及笄即是将这两个发髻合为发结，戴上簪子。笄，束发所用的簪子。

与合垂杨双髻：即及笄束髻之意。

釭：灯盏。

这首词中的妻子刚刚告别了青涩的幼年，学会了盛装打扮，身材如同绘画或是雕琢而出，如斯美妙。可小女儿的心性是不胜娇羞的，夜阑之时，却是不肯同入鸳鸯被，即使是宽衣解带，也要背对银灯，盈盈而立，怕丈夫看见羞红了的脸蛋儿，口里说着“你先睡吧”。此词并非描写少女的面貌，却将新婚儿女的娇羞之态，刻画得活灵活现，令人回味之余，不禁哑然失笑。

妻子的美丽让年少的柳永心旌摇荡，不禁痴迷，而柳永的才华也让妻子仰慕不已，才子佳人的结合，在新婚燕尔之际自然是你侬我侬、如胶似漆。完满的生活赐予了柳永强烈的创作欲望，一首《促拍满路花》，其中幸福自不待言。

促拍满路花

香靥融春雪，翠鬓亸秋烟。楚腰纤细正笄年。凤帏夜短，偏爱日高眠。起来贪顽耍，只恁残却黛眉，不整花钿。

有时携手闲坐，偎倚绿窗前。温柔情态尽人怜。画堂春过，悄悄落花天。最是娇痴处，尤殢檀郎，未敢拆了秋千。

香靥：即酒窝，这里可代指整个面容。

融春雪：意谓和春雪融为一体。

亸：垂下之意。

凤帏：即绣着凤凰的幔帐。

殢：纠缠。

檀郎：晋代美男子潘岳小名檀奴，所以女子称她们的意中人为檀郎。

落花天：即落花时间，指初夏。

这首词，几乎就是柳永新婚生活的幸福写照了，一个面如春雪、发如秋烟的顽皮女子跃然纸上。这位佳人平日里爱睡懒觉，好玩耍，没有梳妆打扮的兴致。她柔情似水，或是和柳永牵着手，小坐休憩，或是在窗前，依偎在柳永怀中。尤为“娇痴”之处，还是春天已经过了，夏天天气炎热，她却纠缠着柳永，不要拆了秋千，要不就不好玩耍了。

看着嬉戏玩闹的娇妻，口中是甜言蜜语哄着，心中是难以言明的快乐，手中是美词一首，记录日子里的幸福。沉浸于新婚的小儿女，着实让人羡慕得很。只是，柳三变虽然深情，却也多情，一不小心，他便在汴京这个醉看风月的花花世界里，迷了眼睛。

宋朝的瓦肆勾栏

有宋一代，正是商业最为发达的时候，也正是瓦肆勾栏大兴之时。瓦肆，又叫瓦舍、瓦子，意思即“来时瓦合，去时瓦解”，以其易聚易散而命名，是古代的娱乐场所。瓦肆之中，常以布幔或栅栏分隔舞台和观众，渐渐地勾栏也成了瓦舍的代名词。

瓦肆勾栏肇始于唐朝，却是在宋朝才得以发扬光大。唐朝实行里坊制，城市之中，居住区域“里”和商业区域“坊”是截然分开的，而且当时又有宵禁制度，抑制了娱乐业的发展。而到了宋朝，不仅里坊制度被打破了，店铺也可以通宵营业，直至天明。方此之时，天下承平，国民富庶，瓦肆勾栏又岂有不兴盛之理？

宋人孟元老《东京梦华录》记载，汴京城中“街南桑家瓦子，近北则中瓦、次里瓦，其中大小勾栏五十余座。内中瓦子莲花棚、牡丹棚，里瓦子夜叉棚、象棚最大，可容数千人”。勾栏瓦肆之中，各种节目五花八门，精彩纷呈：有戏子演出杂剧，呈现悲欢离合；有说书人将惊堂木一拍，讲古今大事；有杂耍者演傀儡戏、皮影戏，嬉戏逗乐，博君一笑；有杂技演员露上一两手绝活，令人叹为观止……

其时的汴京，真可谓是一个纸醉金迷的不夜城！

当然了，瓦舍之中，自然也少不了那些红口白牙、手持牙板的歌妓，唱上一两首香艳的小曲，博得满堂喝彩。一座汴京城，几乎是家家弦唱，处处笙歌，一派太平气象。

偶然的机会，柳永跟着朋友一起前往瓦舍听曲儿。一开始，他或许只把这当作一次普普通通的消遣，用以打发功课之余的无聊时光罢了。可是，在瓦舍之中，当看到舞台上身姿诱人、面容妩媚的歌妓之时，当那纤纤素手合着管弦之声打出节拍之时，当一连串珠玉之词，从翕动着的双唇之间轻吐而出之时，柳永醉了，沉醉在了另一种与小儿女的羞怯不同的温柔乡里。

从此之后，柳永成为瓦舍之中的常客，也成了众多歌妓的座下宾客。

技艺和美色，从来就有着说不清、道不明的暧昧关系。一句卖艺不卖身，在古代一定是有的，但对于大部分歌妓而言，恐怕只能是一种无法企及的奢望。汴京城中，大大小小的秦楼楚馆数不胜数。孟元老《东京梦华录》曾记载："凡京师酒店门首，皆缚彩楼欢门。唯任店入其门，一直主廊约百余步，南北天井两廊皆小合子，向晚灯烛荧煌，上下相照。浓妆妓女数百，聚于主廊檐面上，以待酒客呼唤，望之宛若神仙。"

即使是"宛若神仙"的美女，也只是"浓妆妓女"，依然要等待酒客的呼唤，生活如此，徒叹奈何。

瓦舍之中演唱的歌妓，大抵也逃不过这样的命运。

不得不说，柳永并不是个专情的佳婿，更做不到弱水三千只取一瓢，他爱的是词，也是歌妓的美色。天性使然，柳永也做过一些荒唐之事，一首《剔银灯》便是柳永少年时期放荡不羁生活的写照。

剔银灯

何事春工用意。绣画出、万红千翠。艳杏夭桃，垂杨芳草，各斗雨膏烟腻。如斯佳致。早晚是、读书天气。

渐渐园林明媚。便好安排欢计。论篮买花，盈车载酒，百琲千金邀妓。何妨沈醉。有人伴、日高春睡。

春工：春工化物之意。

夭桃：《诗经·周南·桃夭》有“桃之夭夭，灼灼其华”之句，这里指美丽的桃树。

各斗雨膏烟腻：斗，斗艳之意；膏，肥；腻，润。这句指的是烟雨朦胧之中，百木丰润，争妍斗艳。

百琲：珍珠五百枚为百琲。

此词上阕描写细雨之中的春景，下阕转入踏青景象。正是读书年纪，雨过天晴，柳永便迫不及待地前往园林安排“欢计”。“论篮买花，盈车载酒，百琲千金邀妓”，是何等的风流快活？更何况还有美妓相伴，春日高眠，令人忍不住浮想联翩，活脱脱一个纨绔公子、武陵少年的形象！

其实古人狎妓之事实属平常，在那个男女地位并不平等的年代，也算不上是什么有伤风化，或是对不起妻子的大罪过。在中国的士大夫文化里，文人与妓女的关系本就非同寻常。有宋一朝，因为历经了五代的战乱，加之又是在马上取得了政权，一直采取崇文抑武之策，文人地位颇高，仕子生活十分优越，官宦之家中蓄养家妓的颇多。不少文人并非单纯地将妓女视为狎戏玩弄的对象，才子佳人，也有不少两心相知，或是成为红粉知己的。

如此看来，对于柳永少年时期的荒唐事迹，倒也不必过分指摘。

不过，柳永年轻的妻子可不吃这一套。她也仅仅及笄年纪，还是顽皮心性，知晓了柳永在外面沾染风流，心中不忿，又怎么能善罢甘休？于是，她时常对柳永冷眼相对，两人时有争吵。父母一手包办的婚姻，性格和习性互有抵牾的两人难免需要岁月磨合。柳永无奈，只能好言相劝，有时面对妻子的纠缠，只能甜言蜜语，山盟海誓，安抚一二。

玉女摇仙佩

飞琼伴侣，偶别珠宫，未返神仙行缀。取次梳妆，寻常言语，有得几多姝丽。拟把名花比。恐旁人笑我，谈何容易。细思算，奇葩艳卉，惟是深红浅白而已。争如这多情，占得人间，千娇百媚。

须信画堂绣阁，皓月清风，忍把光阴轻弃。自古及今，佳人才子，少得当年双美。且恁相偎倚。未消得，怜我多才多艺。愿奶奶、兰心蕙性，枕前言下，表余心意。为盟誓。今生断不孤鸳被。

飞琼：许飞琼，传说中西王母的使者，这里指代妻子。

珠宫：仙人所居的宫殿。

行缀：行列。缀，连接之意。

取次：草草，随便之意。

争如：怎如。

当年：青年、壮年之意。

奶奶：亦作妮妮，是对妇人的尊称。

未消得：抵不得。

在这首盟誓之词中，柳永的笔下，却是一点也没有描写妻子的脸庞、身形，而是将妻子比作仙女飞琼：不知何故，身为仙人的妻子离开了仙宫，未回到神仙队列之中，而是逗留在人间，与柳永相伴。

妻子容貌，无需多言，草草装扮，却也有着许多美丽。柳永在此词中，本欲将妻子比作名花，俯首思忖，却又害怕别人讥笑：妻子之美，岂是如此便能形容得出的？就算是奇异花朵，也不过是深红浅白的颜色，哪里比得上多情的妻，占得这世间的千娇百媚呢？

面对如此美貌可人的妻子，柳永自然是陪伴左右，光阴轻掷。更可贵的是妻子还深爱着柳永之才。看似此词下阕写夫妻琴瑟和鸣，感人肺腑，但柳永在词中也流露出了小小的愿望：希望妻子“兰心蕙性”，有兰心蕙质、温柔贤淑的品格。

“今生断不孤鸳被”，执子之手、与子偕老的厮守之盟，固然令人感动，但情到深处，又何必以语言来约束，给自由加上牢笼呢？尤其是两心相知的夫妻之间，盟誓更是多此一举。柳永的“枕前言下，表余心意”之盟，正是宽慰之言、爱抚之意，是希望妻子“兰心蕙性”，给予自己一些自由的空间啊！

柳永和妻子之间的是非对错，即使现在看来，也显得有些难以分辨。两人毕竟太年轻，都执拗着性子，不肯相让。或许是柳永一犯再犯，常常流连烟花之地，忽略了妻子，让她最终失去了耐心；又或者是妻子疑心实在太重，胡搅蛮缠，数次闹得柳永下不来台，二人彼此之间细微的裂痕竟然慢慢扩大起来，最终成壑。

只是，年轻的柳永和妻子都没有想到，他们很快便要分开了。

意气终成少年游

咸平五年（1002），即婚后第三年的秋天，十六岁的柳永收拾了行李包裹，带着父母满满的嘱托，告别汴京，踏上了出游之路。

有宋一代，读书人在出仕前出外游历，拜谒权贵是常有之事，然而，此次柳永出游，到底为何，又为何久久不归，都无可稽考。或许是柳永读万卷书，行万里路，增广自己的见闻？或许是因为和妻子裂痕太深，对日日争吵的生活厌烦了，想要有所改变？又或许是年迈的柳宜想让自己的小儿子外出历练，拜见他在仕途上所熟识的故人？当时光将一切埋藏在不为人知的角落时，我们只能小心翼翼地揣测，不知对错。但不管怎么说，柳永要走了。

别了，汴京。别了，妻子。

一阵萧瑟的风急掠而过，吹下几片枯黄的叶子，远远望去，偌大的汴京城只剩下了一个隐约的轮廓。在城外行人稀少的郊野之中，两个年轻的身影，俊朗的少年和娇好的女子，相顾无言。

尽管在琐屑细碎的生活里，两人摩擦不断，抵牾不止，但随着柳永即将远去，这一切似乎都不重要了。还记得小两口争吵之时，妻子的嘴唇总是那么令人生厌，此时却是红唇轻咬，似有隐忍。

柳永此去，将是江浙两湖，数处游历，路途遥远，不知归期。

当终日相伴的人儿终于要离去之时，似乎连拌嘴也变成了令人怀念的娱乐。此时此刻，小两口相顾无言，眼中噙泪。此情此景，让柳永心绪难平，感慨万端，一首脍炙人口的《雨霖铃》便千古流传。

雨 霖 铃

寒蝉凄切。对长亭晚，骤雨初歇。都门帐饮无绪，留恋处、兰舟催发。执手相看泪眼，竟无语凝噎。念去去、千里烟波，暮霭沉沉楚天阔。

多情自古伤离别。更那堪冷落清秋节！今宵酒醒何处？杨柳岸、晓风残月。此去经年，应是良辰好景虚设。便纵有千种风情，更与何人说？

寒蝉：蝉的一种，又名寒蜩。

长亭：古人在道路旁，每隔十里设长亭，称之为“十里长亭”。靠近城市的长亭为送别之处。

都门：都城之门，即汴京城外。

帐饮：意即设帷帐饮宴饯别。

无绪：没有心思之意。

兰舟：《述异记》载，鲁班曾刻木兰木为舟。后以之指船。

凝噎：说不出话。

去去：形容路途遥远。

楚天：指安徽与江浙一带，因其有东楚之称，这里指的是此行的目的地。

此词上阕写景，下阕抒情。秋晚时分，寒蝉悲鸣，长亭送别，急雨方停，京门外设帐宴饮，却是毫无饮乐的心情。柳永还想多看几眼妻子，多说几句贴心的话儿，然而船已经快要出发，船夫急着催促了。柳永心急了，连忙拉着妻子的手，小两口泪眼相对，心中有千言万语，可是喉咙却像被什么东西堵住，竟然说不出话来。两人想到的是，柳永此次一去，将是千里之外，烟波浩渺，晚云沉沉，天地辽阔的南楚之地。

自古以来，多情之人常为离别神伤，更何况柳永此次远行是在万物萧索的清秋时分。写离别的伤感，柳永并不直述，而是神游物外，展开了无尽的联想：今晚的酒醒了，自己又是在何处？恐怕只是孤身一人，面对岸边杨柳、破晓的冷风和黎明的残月了。这一去又经数年，就算是良辰美景，也只是虚设，即便有千种情意，又可以向何人倾诉呢？

一曲《雨霖铃》道尽了多少离别之人的思恋，令人肝肠欲断。

柳永《雨霖铃》石雕

柳永的这首送别之词，历代最为人所称道。上阕将相知之人的流连之态，描写殆尽；下阕将男女之情的缠绵悱恻，临摹至深。尤其“今宵酒醒何处？杨柳岸、晓风残月”两句，杨柳与风月，寥寥数笔，勾勒出了一个无比清冷的境界，更有时光变迁、空间更迭之感，将那临别感伤之情，抒发得淋漓尽致，不愧为流传千古的佳句。清人沈谦在《填词杂说》中评论道：“‘晓风残月’、‘大江东去’，体制虽殊，读之皆若身历其境，惝恍迷离，不能自主，文之至也。”

大约曾经的柳永便是身在福中不知福的。踏上了漫漫行路，感受到旅途之中的颠簸与风霜，年轻的柳永才开始明白，在繁花似锦的汴京城中，在美貌妻子的温柔怀抱中，是多么的温馨与快乐！远行之舟刚刚出发不久，柳永心中的思念之情便已无法自抑。这首《忆帝京》便是柳永出游之路上的真实写照。

忆帝京

薄衾小枕凉天气，乍觉别离滋味。展转数寒更，起了还重睡。毕竟不成眠，一夜长如岁。

也拟待、却回征辔。又争奈、已成行计。万种思量，多方开解，只恁寂寞厌厌地。系我一生心，负你千行泪。

数寒更：因为睡不着而数着寒夜的更点。古代，从黄昏到拂晓，将一夜分为甲、乙、丙、丁、戊五个时段，称为“五更”。“五更”又称为“五鼓”，到更则击鼓，用来报时。

征辔：远行之马的缰绳。

厌厌：精神不振的样子。

系：牵挂之意。

此时的柳永，踏上行程未过太久，回首分别之日，当时情景，历历在目，宛如昨日。可秋日光阴，过的是那么迅速，转瞬之间，天气已凉，薄衾小枕，已挡不住料峭的寒意。写这首词时，柳永怕是在深夜之中吧？寒气袭人，柳永辗转反侧，数着更点，又数次起身，重新睡下，却依旧不能成眠。一夜光阴，在这寒苦失眠之中，竟如同一年那般漫长。

感受到旅途之苦、思家之切，柳永也曾想过调转马头，返回帝京，可是行程既然展开，已经不是他可以更改的了。柳永思绪万千，也曾不停地开导自己，一股难言的寂寞却始终潜伏心中，让他打不起精神。

柳永深知，因为家庭的矛盾，自己选择毅然离去，对于妻子是个重大的打击，独守空闺的妻子，只会比自己更加寂寞。

你的一生，心系于我，我却辜负了你清泪千行。

初到江南，道路崎岖，不通音讯，又是深秋光景，万物萧索，柳永不禁思家、思妻，悲从中起，写下一首《倾杯》：

倾　　杯

金风淡荡，渐秋光老、清宵永。小院新晴天气，轻烟乍敛，皓月当轩练净。对千里寒光，念幽期阻、当残景。早是多愁多病。那堪细把，旧约前欢重省。

最苦碧云信断，仙乡路杳，归雁难倩。每高歌、强遣离怀，奈惨咽、翻成心耿耿。漏残露冷。空赢得、悄悄无言，愁绪终难整。又是立尽，梧桐碎影。

碧云：碧空之云，用以指代远方。

又是立尽，梧桐碎影：化用吕岩（即吕洞宾）《梧桐影》："明月斜，秋风冷。今夜故人来不来，教人立尽梧桐影。"

秋风淡淡，涤荡一切，秋光渐老，清夜长长。柳永徜徉在小院之中，天气晴朗，空中澄净，轩外皓月如练。对着普照千里的清寒月光，柳永想起的却是幽会之期被阻，当年景物已残。两人之间，早先是颇多抵牾，多愁多病。经过此番别离，曾经的约定，从前的欢情，又哪里经得起再次审视呢？

此时，最为凄苦的，是故乡远在天边，路途遥远，即使是鸿雁也无法通信。每每想要高歌一首，强自排遣离愁别绪，却无奈终成凄凉苦咽，令人心中耿耿。滴漏将空，露水清冷，苦熬了一夜光景，只看得一片寂静无声。词人心中的愁思，剪不断，理还乱，伫立许久，不见佳人，却只是看够了那梧桐疏碎的影子。

关于这首《倾杯》，也有着一个故事。

相传，吕洞宾曾经在汴京景德寺僧房的墙壁上写下诗句："明月斜，秋风冷。今夜故人来不来，教人立尽梧桐影。"但又有人说，这句诗并非是吕洞宾所写，而是唐朝开国之初便已有了。

有一日，柳永睡至半酣，突然梦到一位妇人翩翩而来。妇人告诉他："我不是此世之人，曾经做过一首诗，几百年来，却没有人称道，希望您能用上。"这首诗中的句子，自然就是这句"明月斜，秋风冷。今夜故人来不来，教人立尽梧桐影。"柳永一觉醒来，将这件事告诉了其他人，大家议论纷纷。所以世传这句诗乃是"鬼谣"，而柳永《倾杯》中"又是立尽，梧桐碎影"，便是用了诗中意境。

鬼谣之说，当然只能作谈笑之资，殊不可信。但柳永词中意境清冷，那份沉甸甸的孤独之情、思念之意，倒是货真价实的。

然而，江山易改，本性难移，不管口中说得多好，行旅之中，柳永牵挂的可不止妻子一人。他的笔端依然有着在汴京认识的唱词卖笑的歌女，他的心头，那些美目盼兮、巧笑倩兮的身影，始终挥之不去。在词作之中，柳永还回忆起曾经和歌妓的山盟海誓，“爇香云为约”（《尾犯·夜雨滴空阶》）；与歌妓一同饮酒听曲的香艳时刻，“按新词、流霞共酌”，甚至还幻想着“再同欢笑，肯把金玉珠珍博”，想着和歌妓再续前缘呢！

如此看来，柳永还真是个不顾一切的多情种子，也难怪妻子要争风吃醋、与他抵牾了。

路途虽遥，却并非始终不通音讯，一张云笺尺素，并可将万般心情寄托一二。在这样的别离之中，妻子比起柳永来是更加主动的。旅途之中的柳永，不断收到妻子的回信，希望和解。有时候，柳永或可稍稍理解妻子的心情，但二人的裂隙终究太深，更多时候，柳永对于妻子的心情并非是思恋，而是轻叹一口，将深深的怨言娓娓道来。

驻马听

凤枕鸾帷。二三载，如鱼似水相知。良天好景，深怜多爱，无非尽意依随。奈何伊。恣性灵、忒煞些儿。无事孜煎，万回千度，怎忍分离。

而今渐行渐远，渐觉虽悔难追。漫凭寄消息，终久奚为。也拟重论缱绻，争奈翻覆思维。纵再会，只恐恩情，难似当时。

忒煞些儿：意谓太甚。

孜煎：烦恼。

思维："维"通"惟"，思考，计度。思维即思量之意。

词的上阕写夫妻相知，从柳永和妻子新婚，到如今已快满三年，夫妻之间，如鱼水一般，难舍难离。接下来的看法，却又显得有些一面之词了：柳永觉得自己深深爱恋着妻子，所能做的，无非便是尽情尽意地让着妻子，任其所为。可是，妻子却并非如自己一般，而是放纵自己的性情，无所约束。如果没有这些琐事成千上万回地烦恼煎熬，柳永又怎能下定决心，离家远行？

如今的柳永，却是如愿地离汴京远了，离妻子远了。渐渐地，他的心中涌起了一丝悔意。可是，一想到当初小两口赌气之时所说的决绝之言，柳永又觉得虽然后悔，前事却像泼出去的水一般，难以收回。即使是妻子屡次寄来希望和解的彩笺，却也没什么用处。柳永自己也想和解，也想回到过去小两口缱绻情深的日子。可是他反复思量之下，又觉得即使再次回到汴京，再次回到妻子身边，那道裂隙也不会就此弥合，两人也无法像刚刚新婚时候那般两小无猜了。

这首词中的柳永，确实也太过纠结了。可是，古往今来，谁又没有年少轻狂、纵意妄为的时分？年轻的时候，冲动过剩，一叶障目而不见泰山，常常将一个细节当成了全部，将一个瞬间当作了永久，虽然常常因此犯错，以至后悔不已，但这就是让那些经了风霜、上了年纪的老一辈们羡慕不已的激情啊！

柳永出游之路的第一站，是有着“天上人间”美誉的杭州。

五代十国时期，杭州属于吴越国，五代数十年间，战火却幸运地未及此处，为日后钱塘的繁荣打下了基础。北宋之时，杭州人口众多，经济繁荣，是江南城市中的翘楚之一。欧阳修在《有美堂记》中曾盛赞杭州繁华：“钱塘自五代时，不烦干戈，其人民幸福富庶安乐。

十余万家，环以湖山，左右映带，而闽海商贾，风帆浪泊，出入于烟涛杳霭之间，可谓盛矣！”

也正因如此，一百二十多年后遭遇靖康之变，当金军的铁蹄踏破了大宋的汴京城，徽、钦二宗沦为阶下囚时，被外敌吓破了胆的宋高宗和一帮宰执们，才选择将杭州改称“临安”，作为战时的陪都，继续享受安乐。

此次柳永远游的目的之一，是“以文会友”。外出游历，结交各地文人，一方面是为了游学，扩展视野，增广见闻；另一方面也是为以后走上仕途积累人脉，为升迁提供方便。可惜柳永的文集不存，他的行踪线索、结交对象、当时情貌，亦因此埋没在了漫漫历史的沙尘之中，而不能从他和他人的酬唱应和之中，捕捉些许蛛丝马迹了。

或许是独在异乡，时常被寂寞的洪流淹没，又或者是距离将争吵巧妙地隐藏了起来，当夜深人静之时，柳永的心情也彻底静了下来。他开始回忆，从新婚燕尔到熟知枕边人的一切之时，往昔的一幕幕如同影片般掠过脑海。怀念起妻子似水的温柔，柳永心中尤为懊恼，不禁怀疑起来：一直以来，自己是不是有些自以为是？

八 六 子

如花貌。当来便约，永结同心偕老。为妙年、俊格聪明，凌厉多方怜爱，何期养成心性近，元来都不相表。渐作分飞计料。

稍觉因情难供，恁殛恼。争克罢同欢笑。已是断弦尤续，覆水难收，常向人前诵谈，空遗时传音耗。漫悔懊。此事何时坏了。

当来：原来、起初之意。

结同心：即同心结，是指用锦带编织成菱形的回文式样的带子，象征坚贞的爱情。

俊格：指高俊的格调。

凌厉：奋勇无前，这里是行事利索的意思。

近：狭窄之意，指心性狭隘。

元来：通“原来”。

不相表：不相表里。

因情难供：意谓难以适应对方的性格。

殛恼：“殛”疑通“极”。

争克：怎么能够。争，怎。克，能够。

断弦尤续：古人用琴瑟和谐表示夫妻之间感情融洽，以“断弦”指丧妻，续弦指再娶，这里表示情断。

空遗时传音耗：意谓空把时间用来传递音讯，却没有作用。

漫：本意为漫不经心，这里表示“空”意。

词中的柳永，确是记起了曾经与妻子约定两人同心偕老。在柳永眼中，那时的妻子正值芳龄，品格高俊，举止伶俐。回想起过去的日子，柳永自认为对妻子怜爱有加。谁知他对于妻子过分的溺爱，却养成了妻子促狭的心境，与当初那个可人的美人完全是不相称了。正因如此，两人渐行渐远，不知不觉中，竟成劳燕分飞之态。

在柳永眼中，妻子是极难伺候的：一旦觉察到柳永没有依着她的性子，便会极其恼怒。或许是长久的分离导致的寂寞，离别之后，两人的态度也并不相同：妻子常常回忆起那些共同欢笑的日子，不能放手；柳永却觉得夫妻二人已是断弦，勉强为续，覆水难收。妻子常常于人前谈论，期盼二人和好如初，又音书不断，备述思念；柳永却觉得妻子的所作所为，仅仅是在蹉跎岁月，浪费时间。

虽然词中责怪妻子的句子尤为不少，但此时的柳永已不再是单纯地埋怨了。他的心也在不停思量，怪罪自己放纵太过，质问自己“此事何时坏了”。既责妻子，亦责自己，既感叹“断弦尤续，覆水难收”，又“悔懊”不能“同心偕老”，将那曾经的良辰美景，不停咀嚼、回味。

或许是在琐碎的争吵之中，日子如流水般不知不觉流淌殆尽了，转瞬之间，三年已逝。两人都把不肯妥协的怨气，放在了对方身上，到底是什么让那丝抵牾，逐渐变成了两心的裂隙？此次远行，的确是两人关系恶化的结果，却也给了两颗年轻的心足够的时间与距离，重新审视过去，思考未来。

或许是独在异乡为异客的寂寞作祟，或许是被妻子书信中的执著所打动，柳永的心绪也在逐渐变化。对于妻子，他已不再埋怨，信笺之中已满是思恋之意，在他出游之路上的词章中，也铺满了温情与眷恋。把玩妻子的来信，已成孤旅上的乐事一件，“强揑书信频频看”（《凤衔杯·追悔当初孤深愿》），虽说见信如面，可薄薄一张纸，又怎比得上妻子如花的容貌，又怎能承载太多的深情呢？

佳人有恙，欲归恨晚

一日，柳永如往常一般，心怀期待地拆开妻子寄来的彩笺，阅读罢，却是心中一突，眉头紧皱：妻子生病了。

柳永的妻子原本就是个病如西子的人儿，更何况年纪尚浅，又在新婚不久，即因为夫妻关系不睦而与丈夫分别。本就是多愁多病的身子，受了如此重大的打击，竟然一病不起。柳永听到这样的糟糕消息，心中哪还有一丝对妻子的不快？连忙写了一首《法曲献仙音》，词中满是关切之意、叮咛之言。

法曲献仙音

追想秦楼心事，当年便约，于飞比翼。每恨临歧处，正携手，翻成云雨离拆。念倚玉偎香，前事顿轻掷。

惯怜惜。饶心性，镇厌厌多病，柳腰花态娇无力。早是乍清减，别后忍教愁寂。记取盟言，少孜煎、剩好将息。遇佳景、临风对月，事须时恁相忆。

秦楼：秦穆公为其女弄玉所建之楼。刘项《列仙传》："萧史者，秦穆公时人也，善吹箫，能致孔雀白鹤于庭。穆公有女字弄玉，好之。公遂以女妻焉，日数弄玉作凤鸣，居数年，吹似凤声，凤凰来止其屋。公为作凤台。夫归止其上，不下数年，一旦皆偕随凤凰飞去。故秦人留作凤女祠于雍，宫中时有箫声而已。”

于飞：比如夫妻和睦。

镇：常，久。

厌厌：无精打采的样子。

清减：清减腰围，因憔悴而消瘦之意。

孜煎：煎熬。

剩好将息：多多调养。剩，尽，多。将息，调养之意。

事须：事情应该之意。

此时的柳永，仍然不忘“今生断不孤鸳被”的盟誓，曾经与妻子相约，鸾凤和鸣，比翼齐飞。只是有些遗憾，因为一些分歧，携手同进退的夫妻，如云雨般分离。此刻的柳永心中，些许矛盾又怎比得了“倚玉偎香”的脉脉温情？那些平日里恼人的不快，在千里婵娟的思恋面前，自然是可以“顿轻掷”的了。

对于妻子，柳永一贯是怜惜的，也容忍着妻子执拗的心性。妻子本就常常不振，体弱多病，“柳腰花态娇无力”。出游之前，佳人已是清减腰围；离家之后，爱侣更是强忍愁寂。对此，柳永远在他乡，虽有满腔关切之意，却只能化作些许言语，抚慰爱人：记得我的诺言，别太煎熬，多多调养，遇到那良辰美景，临风对月，便想想曾经的美好回忆，寄托相思吧。

次年的初夏，尽管心中怀念着远在汴京的佳人，年轻的柳永却不得不继续背上行囊，由杭州前往鄂州（武汉）。虽然春色已阑，但初夏季节草木葱郁，一路上的秀美山水，令柳永大饱眼福，开阔了胸襟。

时光荏苒，寒暑流易，不知不觉中，又是一季金秋，柳永外出游历已满一年了。正是傍晚时分，柳永行至江边，看着不尽长江滚滚东去，心中颇有萧索之意。恰好此时，秋风一缕，卷起落叶片片，一瞬间，仿佛时空变幻，不由得让柳永想起一年之前，妻子在汴京城外为自己送别的一幕。昨日如新，如花面貌宛如就在眼前，不禁让人感慨万千。柳永和妻子，一个是车马劳顿，有时甚至无处可投，不得不风餐露宿；一个是正值芳年，却独守空房，暗自神伤。两人本可耳鬓厮磨，如今却是天各一方，这却又是何苦？柳永不由长叹一声，以一首《八声甘州》摹尽当时心态：

八声甘州

对潇潇暮雨洒江天，一番洗清秋。渐霜风凄紧，关河冷落，残照当楼。是处红衰翠减，苒苒物华休。唯有长江水，无语东流。

不忍登高临远，望故乡渺邈，归思难收。叹年来踪迹，何事苦淹留？想佳人妆楼颙望，误几回、天际识归舟。争知我，倚阑干处，正恁凝愁！

潇潇：雨急的样子。《诗经·郑风·风雨》有“风雨潇潇，鸡鸣胶胶”句。

关河：关隘、山河之意。

红衰翠减：形容秋季花木凋零。

物华：万物芳华之意。

颙望：仰首凝望。

此时的柳永，正在长江边上登楼远望。傍晚时分，一场急雨洒满水天之间，将这清秋世界清洗至净。因着天气转凉了，虽然雨过天晴，远远望去，关山河流，却看不见人烟，一片落寞；夕阳余晖，洒落楼上，更令人心有凄然。

花木凋零的时节，万物萧索，唯有长江水，一言不发，默默东流。

面对此情此景，柳永敏感的心也被触动了，他甚至不敢“登高临远”，怕看见故乡邈远，难收归思。回想起自己几年来的行踪，不由得感叹，滞留他乡又是何苦？接着，柳永笔锋一转，却是幻想起妻子来：妻子怕是和我一样，在彩楼举目远眺，错把那天边船只当成夫婿的归舟了吧？她或许不知道，自己也和他一样，正倚在栏杆上，愁眉不展呢！

此词上阕写景，意境宏大，有气吞万里之势，历来为词家所称道，《侯鲭录》就曾引苏轼言说："人皆言柳耆卿词俗，然如'霜风凄紧，关河冷落，残照当楼'，唐人佳处，不过如此。"下阕转入写情，以"不忍"起笔，情真意切，"叹年来踪迹，何事苦淹留"两句，一叹一问，柳永的心中可是悔恨得很呢。紧接着，词中的思绪又变换了时空，随着佳人的目光，远眺天际，在水天相接的一线，寻觅着夫婿的归舟，而无尽的想象，又随着柳永的一句自嘲，收束成了一缕凝结不展的绵绵忧愁。

此后，三变又踏上了从鄂州（武汉）前往潭州（长沙）的旅途。到了第三年春季，柳永已是身在潭州了。沉醉在南国娇媚的春光里，柳永的心境也发生了奇妙的变化，回忆往昔，柳永不禁自问，"春醉琼楼"、"夜游香陌"的自己不过是"酒恋花迷，役损词客"（《两同心·伫立东风》），若说这便是尽到了丈夫的责任，也太过牵强了。或许，此时的柳永已不再是那个处处留情的风流才子，而是一个思念妻子的顾家丈夫。正是在此般心境之下，柳永写下了日后为人所称道的名篇《凤栖梧》：

凤 栖 梧

伫倚危楼风细细，望极春愁，黯黯生天际。草色烟光残照里，无言谁会凭阑意？

拟把疏狂图一醉，对酒当歌，强乐还无味。衣带渐宽终不悔，为伊消得人憔悴。

黯黯：迷蒙不明。

疏狂：豪放不拘。

词中的柳永，正在微风细雨之中，倚靠在高楼之上。自古逢秋悲寂寥，但柳永却在春日凝望之中，在目力所及的天际黯然生愁。草色葱郁，烟光迷离，夕阳斜照，柳永无言，只是轻倚栏杆，感叹身边无人知心。

此时的柳永是寂寞的，急切地想要把欢乐寻来。他愿狂放一把，痛饮求醉，可对酒当歌，强自为乐，却只感到空虚而索然无味。他日渐消瘦，衣带渐宽，心中却没有一丝惋惜，即使是身形憔悴，也是思恋妻子所至，又有什么可遗憾的呢？

“衣带渐宽终不悔，为伊消得人憔悴”，自是千古绝唱。词学大师王国维也曾在《人间词话》中将其喻为研究学问三境界中的第二重境界。不知此句，到底说中了多少情窦初开的少男少女心呢？

衣带渐宽终不悔，为伊消得人憔悴

经过长达两年多的出游，柳永早已是心生归意。景德二年（1005），在柳永出游第三年的春天，柳永终于完成了旅行，再次准备车驾，北上取道汝州、颍盛府，踏上了回归汴京的道路。然而，途中却不知出了怎样的变故，致使柳永在旅途中逗留了数月，直到秋冬之际才回到汴京。如此算来，柳永这次出游，为期竟达三年之久。

汴京，我回来了！妻子，我回来了！

再次踏上汴京城宽阔的道路，看着身边摩肩接踵、车水马龙的热闹景象，一瞬间，柳永竟出现了些许恍惚：三年光景，这座城市似乎并未变样，依旧是自己熟悉的城郭，熟悉的街道，熟悉的歌舞升平、繁花似锦。然而，当面对那扇闭着眼睛都能想象的家门时，柳永的脚步却迟疑了。

近乡情更怯，不敢问来人。

进入家门，柳永看见的却不是妻子迎接他的欢笑，而是父亲责备的眼神——妻子病重！

妻子的身体，底子原本就很糟糕，因为和柳永争执不断，早已是心事重重。柳永漫长的出游之旅，只是让妻子独守空闺，黯然神伤，又岂能无恙？只是没有想到，妻子染上的似乎是某种顽疾，久治不愈，那么一个如花似玉的美人，一点点憔悴，一天天枯萎。

看见柳永归来，病床上的妻子撑起精神，强颜欢笑，柳永的一颗心却沉了下去。

时日真的无多。此后仅仅一年光阴，妻子便阖然长逝。

柳永与妻子婚后的光景，细细算来，不过七年。短短七年之中，柳永出外游历便要占去三年，更何况新婚之后多有争执。如此看来，两人真正举案齐眉、如胶似漆的光景，竟是不到一半。漂泊之日，孤枕难眠，年轻的柳永和妻子也走过了从互相埋怨到互相思恋的心路历程。或许，这便是新结成的恋人们都必须经历的磨合吧。

只是，上天给予柳永夫妇的时间实在太短了。

妻子的与世长辞令深情的柳永悲痛欲绝。当年物事仍在，往昔记忆犹新，佳人却已不见了踪影，再无痕迹。这份空恨之感，随着一首感人肺腑的《离别难》，在世间缱绻了千年，久久不散。

离　别　难

花谢水流倏忽，嗟年少光阴。有天然、蕙质兰心。美韶容、何啻值千金。便因甚、翠弱红衰，缠绵香体，都不胜任。算神仙、五色灵丹无验，中路委瓶簪。

人悄悄，夜沉沉。闭香闺、永弃鸳衾。想娇魂媚魄非远，纵洪都方士也难寻。最苦是、好景良天，尊前歌笑，空想遗音。望断处，杳杳巫峰十二，千古暮云深。

倏忽：快速的样子。

何啻：何止。

便因甚：指无缘无故染上疾病。

五色灵丹：指包治百病的神药。

中路委瓶簪：指妻子半途仙逝。委，委弃。瓶簪，是瓶沉簪折的省略写法。唐白居易《井底引银瓶》：“井底引银瓶，银瓶欲上丝绳绝。石上磨玉簪，玉簪欲成中央折。瓶沉簪折知奈何？似妾今朝与君别。”

悄悄：忧伤的样子。

洪都方士：《宋史·杨妃外传》记载，“方士杨幽通自云有李少君之术，上皇（唐玄宗）命致贵妃神，出天界，没地府，求之不见。东绝大海，跨蓬、壶。有洞户，署其门曰‘玉妃太真院’”。唐白居易《长恨歌》云：“临邛道士鸿都客，能以精诚致魂魄。为感君王展转思，遂教方士殷勤觅。”鸿都本为汉代藏书、教学之地，这里借指长安。

巫峰十二：指巫山十二峰，这里用宋玉《高唐赋》典，形容妻子为巫山神女，可惜杳而不见。

佳人已逝，柳永此时也只是念着妻子的好了。时光如流水落花，一去不回，只能空余叹息。曾经是“愿奶奶，兰心蕙性”，希望妻子执拗心性有所改变；现在是“有天然、蕙质兰心”，纵然想和妻子拌上两嘴，也成奢望。妻子重病，不胜娇弱，就算是灵丹妙药也无力回天，只能中路而逝，曾经的山盟海誓，都已成空。

寂静的夜色之中，柳永在忧伤着。封上曾与妻子居住的房间，丢弃曾和妻子同盖的鸾被，以免睹物思人，黯然神伤。即使妻子娇魂不远，但连长安方士也难以寻觅。良辰美景，端起美酒，柳永却无法欢笑，只能空想妻子的音容笑貌，何等凄苦。

妻子，真如巫山神女一般，居于那晚云深处，既不可望，也不可及了。

结发妻子并非柳永唯一的红颜知己，却是柳永生命中第一个完完全全属于他的女子。遥想当年，妻子也仅仅年方及笄，便和柳永这位年少无知的男孩儿，一同走过了那段激情与荒唐并存的青葱岁月。曾经亲昵无间，相依相偎，又曾天各一方，望穿秋水；曾经心生抵牾，互相埋怨，又曾含情脉脉，千里婵娟。记忆中，笑靥犹在，转瞬间却已天人永隔。

妻子的英年早逝，深深触动了柳永那颗敏感而易碎的心。大约正是这天妒红颜的遗憾，才让柳永那么怜惜这世间的女子，情那么深，意那么浓，把生命里最好的年华，都沉浸在其中了。

第二章，白衣卿相未及第

年轻的柳永是幸运的，他少年便以词成名，震动汴京，讨得了佳人的喜欢，赢得了浪客的追捧；年轻的柳永又是不幸的，词作于他而言，是生活，不是理想。无论如何努力，却只能名落孙山，借酒消愁，写词抒意，让无奈的柳永只得将屡试不第的不快变成华美琳琅的词句。却是不知，这样的幸与不幸，孰大？

此城与我共年少

柳永时代的汴京，正在它最好的年华里。

正如张择端那幅广为流传的《清明上河图》所描绘的，其时的汴京，人口稠密，商贾云集，万国来朝，一派盛世景象。城市之中，放眼望去，房屋鳞次栉比，街道车水马龙。士农工商，三教九流，无所不备。每日的城郭，喧哗震天，透着一股欣欣向荣的蓬勃生气。

汴京热闹景象

柳永少年时，曾有一首《甘州令》，便是描写汴京元宵景象的。

甘　州　令

冻云深，淑气浅，寒欺绿野。轻雪伴、早梅飘谢。艳阳天，正明媚，却成潇洒。玉人歌，画楼酒，对此景、骤增高价。

卖花巷陌，放灯台榭。好时节、怎生轻舍。赖和风，荡霁霭，廓清良夜。玉尘铺，桂华满，素光里、更堪游冶。

淑气：温和之气。

潇洒：指下雪。

玉人：美女。

画楼：装饰华丽的楼房。

放灯：指元宵燃放花灯，供人观赏。

桂华：月华。桂，桂魄，传月中有桂，故为月的别称。

词中时节，冷云仍深，淑气尚浅，寒气压着绿野青葱，轻雪伴着早梅初谢。初时尚是艳阳天，阳光明媚，不意竟成飘雪。若是耳听美人清歌，端坐华楼美宇，对上此景，这种享受，却是值得高价呢。

街头巷陌卖花，台榭燃放灯火。这元宵佳节，怎能轻易放过，不尽兴玩乐呢？有赖清风，将那雾霭荡尽了，良夜廓清了。月色中，粉尘如玉，月色满城。青素月色之下，更宜冶游了。

雪夜景色，如诗如画，令人陶醉，柳永也难免再一次沉醉在了汴京的朦胧夜色里。

有宋一代，经济繁荣，娼妓之业也自然兴盛，除去酒楼茶肆之中的卖笑之客，更有幽坊小巷，燕馆歌楼，计数千万。或许是妻子的红颜早逝，让柳永失去了约束，又或许是孤枕难眠，让他不得不去秦楼楚馆，寻找一丝温情的慰藉。妻子走了，如误入凡尘的仙女，再回琼楼玉宇；柳永却来了，似温文尔雅的情郎，重返烟花柳巷。

此时的柳永，也正如汴京城一般，在他最好的年华里。

柳永自小生得好看，风姿洒落，人才出众，是一介英俊小生。他自小勤学苦练，琴棋书画，吟诗作赋，无所不通，尤其作词更是一等，时人都称他为“柳七官人”。而每每和歌妓们饮酒作乐，缠绵相依至情浓之时，这位柳七官人便会词兴大发，为歌妓们写下一首首艳词。

这倒并不是什么有伤大雅的事情。那个时候，文人地位颇为超然，文臣也是宠命优渥。有宋一代，有营妓，又称官妓，也就是官府之妓，专为伺候文臣宴饮，为之佐欢；有私妓，亦称露台妓，也就是民间的妓女了；不少大官，甚至是知县之类的小官还蓄有家妓。饮宴之间，美人清歌以助酒兴，文人与歌妓之间，自然生出了不少风流韵事，传下了篇篇艳词。即使是那些庙堂之上的名公巨卿，如晏殊、欧阳修、苏轼等等，也都有赠妓词、狎妓词流传。

柳七官人才高八斗，词可不同于别家。对于词曲一道，柳永是满心欢喜的，自小便研习此道，再加上他本身也是秦楼楚馆的常客、歌舞美人的贵宾，自然懂得那些红粉卖客何处迷人，登徒浪子何故痴情。故而，柳七官人的词一唱出来，便让那歌女增色，听众欢喜。

歌妓们大多正值芳华，平日里多的是逢场作戏，曲意求全，如此超群卓拔的柳七官人，又怎能不让那些歌妓们芳心暗许？而生性风流的柳永，自然也乐得依红偎绿，将京城的大小歌馆，几乎踏了个遍，将那京城名妓花魁，也赏了个遍。少年时期的柳永就曾在《木兰花》中，记录过数位美娇娘的动人倩影。

木　兰　花

心娘自小能歌舞，举意动容皆济楚。解教天上念奴羞，不怕掌中飞燕妒。

玲珑绣扇花藏语，宛转香裀云衬步。王孙若拟赠千金，只在画楼东畔住。

心娘：歌妓名。

济楚：整齐漂亮。

念奴：唐元稹《连昌宫词》："力士传呼觅念奴，念奴潜伴诸郎宿。"元稹自注："念奴，天宝中名倡，善歌。每岁楼下酺宴，累日之后，万众喧隘，严安之、韦黄裳辈辟易不能禁，众乐为之罢奏。玄宗遣高力士大呼于楼上曰：'欲遣念奴唱歌，邠二十五郎吹小管篴，看人能听否？'未尝不悄然奉诏。"

掌中飞燕：传说汉成帝皇后赵飞燕能掌上舞。

香裀：舞毯。

词中的这位歌妓，名叫心娘，自小便能歌善舞，举止动容，齐整而美丽。柳永眼中的她，姿色无双，简直可令念奴羞愧、赵飞燕嫉妒。

写此词时，柳永怕是正在饮酒赏歌舞吧？心娘举扇掩口，妙音自花扇传出，身穿云衫，在锦绣舞毯之上，步履婉转。柳永眼中的心娘，身价极高，即使公子王孙愿意付出千金，也只能偏居一隅，在华楼的东侧小住。

另一首《木兰花》，则是描写另一位佳娘的：

木　兰　花

佳娘捧板花钿簇，唱出新声群艳伏。金鹅扇掩调累累，文杏梁高尘簌簌。

鸾吟凤啸清相续，管烈弦焦争可逐。何当夜召入连昌，飞上九天歌一曲。

佳娘：歌妓名。

花钿簇：指花钿簇拥在一起。

文杏：即银杏，诗词中常用以指代木梁。汉司马相如《长门赋》："刻木兰以为榱兮，饰文杏以为梁。"

管烈弦焦争可逐：指管弦乐器斗美争胜。烈，美妙。焦，清脆。

何当夜召入连昌：这里用念奴典，意谓当和念奴一样，夜招入连昌宫唱曲。连昌，即连昌宫。

这首词中的佳娘，显然是一位技艺出众的美妓了。她手捧牙板，头戴钿簇，只要唱上一首新曲儿，便能技压群芳。以金鹅扇掩口而唱，余音绕梁，落下灰尘簌簌。

佳娘的歌声如鸾凤和鸣，伴随着丝竹管弦，斗美争胜。在柳永的心中，如佳娘这般的歌者，真应该被招入连昌宫中，飞上九天，高歌一曲呢。

柳七官人，当然也只是个平常的人儿，对于歌妓们，不免也和其他风流浪子一般，缱绻于床笫之欢。只不过，与那些庙堂文人不同，柳永眼中的歌妓们，并非只是单纯谋取金银的卖笑媚客，而是一个个有心有魂的佳人儿。在柳永的笔端，虽不免描写歌妓们的动人身姿、美妙歌喉，或是那些风流艳事，但同时也有着歌妓们的追求与向往，如这首《迷仙引》：

迷仙引

才过笄年，初绾云鬟，便学歌舞。席上尊前，王孙随分相许。算等闲、酬一笑，便千金慵觑。常只恐、容易蕣华偷换，光阴虚度。

已受君恩顾，好与花为主。万里丹霄，何妨携手同归去。永弃却、烟花伴侣。免教人见妾，朝云暮雨。

初绾云鬟：刚刚绾起高耸的环形发髻。

随分：照例。

等闲：随便。

慵觑：懒得看。觑，看。

蕣华：《诗经·郑风·有女同车》："有女同车，颜如舜华。"孔安国疏："舜，一名木槿……今朝生暮落者是也。"这里的"**蕣**"通"舜"，形容年华虽美却容易流逝。

这首词中的歌妓，正是及笄年纪，刚刚挽起发髻，便开始学习歌舞了。地席之上，酒樽之前，王爵子孙照例相酬，随便算来，纵是千金买一笑，这位歌妓恐怕也懒得看上一眼呢。

此位少女心中，怀的不是金钱珠宝，却是担心年华老去，虚度光阴。她的心头，早已有位恩客进驻。姑娘心中所想的，是已受君恩，愿奉君为主，多么希望心上人能带自己携手同游万里丹霄，永弃青楼妓馆这样的烟花之地。如此一来，她便也不用朝云暮雨，任人狎玩了。

看似春色旖旎、风光无限的歌女，其实却是身不由己、任人玩弄的卖客，一曲《迷仙引》，不知道出了多少佳人心声？而写下此词的柳永，则断然不是高高在上、千金买笑的恩客！

千年之后，翻开柳永的《乐章集》，不禁哑然，其中不知有多少个莺莺燕燕！词中提及姓名的就为数不少：师师、香香、瑶卿、暗暗、虫虫、香香、冬冬、楚楚、宝宝、心娘、佳娘、酥娘……竟多至八十余个。在众多美貌的歌妓之中，柳永最为宠爱的，是虫虫，亦称虫娘。虽然这位歌妓未曾在历史上留下过记载，但雪泥鸿爪并非无迹可寻，于今，仍可在柳词之中，一窥佳人风景。

在《木兰花》词中，柳永就曾描绘过虫娘的妩媚之态：

木 兰 花

虫娘举措皆温润，每到婆娑偏恃俊。香檀敲缓玉纤迟，画鼓声催莲步紧。

贪得顾盼夸风韵，往往曲终情未尽。坐中年少暗消魂，争问青鸾家远近。

虫娘：歌妓名，即虫虫。娘：年轻女子。

婆娑：舞姿轻妙。

俊：俊才。

香檀：香檀木做的拍板。

词中的柳永，怕是正在酒筵之上，欣赏虫娘的一段歌舞吧。平日里的虫娘温婉如水，举手投足之间尽显温润，但一到了最拿手的起舞时分，虫娘便会略带骄傲，俊俏无比。只听见玉手缓敲檀板，莲步紧随鼓声，顾盼之间，风韵迷人，一曲已终了，情意仍绵绵。酒筵之上的柳永，早已被迷得神魂颠倒了，和其他的公子王孙一般，都争着抢着，想要一通佳人音信呢。

戏曲中的柳永与虫娘

对于歌妓，柳永却也是两心相知，时常将一片真心捧出。在《集贤宾》一曲中，柳永的情那么深，居然对虫娘发出了永结同心的真挚邀请：

集 贤 宾

小楼深巷狂游遍，罗绮成丛。就中堪人属意，最是虫虫。有画难描雅态，无花可比芳容。几回饮散良宵永，鸳衾暖、凤枕香浓。算得人间天上，惟有两心同。

近来云雨忽西东。诮恼损情悰。纵然偷期暗会，长是匆匆。争似和鸣偕老，免教敛翠啼红。眼前时、暂疏欢宴，盟言在、更莫忡忡。待作真个宅院，方信有初终。

算得人间天上：用唐明皇李隆基派方士人间天上寻杨贵妃典。

诮：责备。

情悰：情怀，情绪。

敛翠啼红：指虫虫眉头紧皱，哭泣不已。

初终：始终。

单看词的上阕，便可明白柳永对于虫虫是何其用心了。此时的柳永，已是将“小楼深巷狂游遍”，看惯了“罗绮成丛”，花红柳绿了。最中意的，仍然是如水一般的佳人虫虫。虫虫的芳容意态，画描不出，也无花可比。柳永与虫虫几度良宵，饮酒作乐，缱绻春情，两情相悦，相知同心。

可世间之事，终究难如人意。词中的柳永和虫虫并非完满的一对儿，而是不知什么缘故，闹出了几番云雨，纠葛不断，让柳永愁闷不已。甚至，两人竟不能正常来往，只能在匆忙之间，偷期暗会。难道是虫虫身在青楼，不能缱绻于柳永一人的缘故？纵然相会，虫虫也是愁眉不展，梨花带雨。面对怀中哭泣的佳人，柳永不由得劝慰道：眼前且但欢宴，记着你我盟誓，更莫要忧心忡忡，等我为你买下了宅子，你就信了你我之间，终生不渝。

看着词中的意思，柳永竟是想买下宅院，金屋藏娇，将虫虫纳为妻妾了。此中情真意切，自不待言。

当然，流连楚馆，寄情风月，只是柳永生活的一面。荒唐之外，柳永依然在埋头苦读，准备参加科举。

才子词人，白衣卿相

有宋一代，科举才是正途，是读书人的最终追求、唯一目标。与柳永同一时代的皇帝宋真宗就曾写就一篇《劝学诗》：

劝　学　诗

富家不用买良田，书中自有千钟粟。

安居不用架高堂，书中自有黄金屋。

出门莫恨无人随，书中车马多如簇。

娶妻莫恨无良媒，书中自有颜如玉。

男儿若遂平生志，六经勤向窗前读。

时至今日，“书中自有黄金屋，书中自有颜如玉”两句，已广为流传，为了事业与爱情，柳永又怎能将青楼妓馆奉为己道，而不“六经勤向窗前读”呢？更何况，柳永生于官宦人家，且不说父亲和叔叔们都是官员，叔辈之中，中进士的也不少，父亲柳宜又曾经携文自试，上书改官，如此出身，柳永又岂能不以进士为目标，甘于落后？

科举及第，光耀门楣之心，柳永较之常人只会更重。

光阴荏苒，不知不觉，已经到了大中祥符元年(1008)，科举要开始了。

科举图

北宋初期，科举的时间并不固定，直至宋神宗元丰改制（1078～1085）之后，才形成三年一试的惯例。正因如此，柳永因为外出游历，错过了景德二年（1005）春季的科举，此次的科举，柳永自然是势在必得。

此时的柳永二十二岁了，偌大的汴京城里，却是小有了名气。这名气，一半是浪名，因为他常常缱绻于青楼妓馆，放浪形骸；另一半却是才名，因为他写的词，经由歌妓红口白牙的演唱之后，赢得了满堂喝彩，获得了众人喜爱。

面对赞美，年少轻狂的柳永醉了，他开始自负才高八斗，考中进士只是探囊取物而已。一次，在和自己最爱的歌妓虫虫把酒言欢之后，他不禁夸下海口，提笔写下一首《长寿乐》：

长　寿　乐

尤红殢翠。近日来、陡把狂心牵系。罗绮丛中，笙歌筵上，有个人人可意。解严妆巧笑，取次言谈成娇媚。知几度、密约秦楼尽醉。仍携手，眷恋香衾绣被。

情渐美。算好把、夕雨朝云相继，便是仙禁春深，御炉香袅，临轩亲试。对天颜咫尺，定然魁甲登高第。

待恁时、等著回来贺喜。好生地。剩与我儿利市。

尤红殢翠：形容男女间缠绵亲密。

陡把狂心牵系：指柳永原本狂纵的心现在只系于一人。

取次：随意，随便。

仙禁：仙人禁苑，此处指宫禁。

魁甲：魁首，即状元。

剩与我儿利市：意味将状元送给你作为礼物，讨个吉利。剩，赠送。利市，本意为买卖好，引申为吉利。

想必虫虫是个倾国倾城的美人儿，汴京城中，柳永几乎把花街柳巷踏遍了，与众多的歌妓柔情蜜意，卿卿我我，可是罗绮丛中，笙歌筵上，却有个人儿是柳永最为中意的，见了她，柳永那颗放纵的心，也骤然收紧——这位妙人儿，自然就是虫虫了。

柳永心中的虫虫，善于装扮，巧笑倩兮，随意言谈都有着娇媚之态。与虫虫几番密约，把酒言欢之后，他仍然拉着虫虫的玉手，期盼着香衾绣被中别样的风情呢。

当与虫虫感情渐美之时，柳永便对心上人说出了心中打算：愿与虫虫长相厮守。不久之后，自己必然进入那春意浓郁的皇宫禁苑，在香烟袅袅的大殿之上，直面天颜，由皇帝亲试；定然高中状元，等到那时，虫虫等着我回来贺喜，将这大宋状元的名号，送与你讨个吉利！

或许是错过了一次科举，又是秣马厉兵了数年，此次的柳永，是何等地胸有成竹、踌躇满志，以至于对自己的心上人许下了“定然魁甲登高第”的诺言，自信满满。

然而，天有不测风云，发榜之后，结果却并非如柳永所料。将皇榜寻遍了，也看不见自己的名字，柳永竟然名落孙山！

失意之下，或许是醉酒之中，或许是在虫虫的怀抱

鹤冲天

柳永

黄金榜上，偶失龙头望。明代暂遗贤，如何向？未遂风云便，争不恣狂荡？何须论得丧。才子词人，自是白衣卿相。

烟花巷陌，依约丹青屏障。幸有意中人，堪寻访。且恁偎红倚翠，风流事，平生畅。青春都一饷。忍把浮名，换了浅斟低唱！

写《鹤冲天》的柳永

之中，为了挽回自己在心上人面前的颜面，柳永无语低头，手执一杆笔，饱蘸浓墨，走笔龙蛇，写下了那首日后成为了一段公案的《鹤冲天》：

鹤冲天

黄金榜上，偶失龙头望。明代暂遗贤，如何向？未遂风云便，争不恣狂荡。何须论得丧。才子词人，自是白衣卿相。

烟花巷陌，依约丹青屏障。幸有意中人，堪寻访。且恁偎红倚翠，风流事、平生畅。青春都一饷。忍把浮名，换了浅斟低唱！

黄金榜：唐牛僧孺《玄怪录》："廊下又有一楼，便引绍入门。满壁悉是金榜银榜，备列人间贵人姓名。将相二色，名列金榜。将相以下，悉列银榜。更有长铁榜，列州县府僚属姓名。所见三榜之人，悉是在世人。若谢世者，则随所落籍。"所以称考试中举为"金榜题名"。

偶失龙头望：唐宋人称状元为龙头，这里指因为偶然原因没有中举。

风云便：指好机会。

白衣卿相：五代王宝定《唐摭言》："进士科始于隋大业中，盛于贞观、永徽之际。缙绅虽位极人臣，不由进士者，终不为美，以至岁贡常不减八九百人。其推重谓之‘白衣公卿’，又曰‘一品白衫’。”此处是柳永的自嘲之语。

饷：通“晌”，片刻。

此时的柳永，科举未中，当然也成不了状元，自是“偶失龙头望”。但柳永心中，依旧是自信的，“明代暂遗贤”：圣明时代，只是暂且遗忘了我这位贤哲之人。那该如何是好？柳永自有安排：既然时机不好，怎不疯狂放荡，享乐一番？中不中举，又何必计较得失？我这般的才子词人，即使未中进士，也自然是“白衣卿相”呢。

既未中举，柳永的心中，自然是失落的。走进熟悉的烟花柳巷之中，看见隐约显露出的绘有丹青的屏风，失落的柳永才找到些许慰藉：有中意的歌妓可去寻求，可去倾诉。柳永再一次倚红偎翠，享尽了风流之欢，那颗郁结的心便也逐渐舒畅起来。苦笑一声，柳永不禁感叹，青春短暂，不过一晌，愿把浮华的功名，换了这香艳的佳人斟酒，美人清唱。

“偶失龙头望”，好一个狂妄的柳永！

“忍把浮名，换了浅斟低唱”，好一个潇洒的柳永！

相传，也正是这首狂放不羁的《鹤冲天》，竟然惹得龙颜大怒，让柳永丢了状元，也让柳永下定了决心，不再应试，专心填词去了。

上述传说，当然只可参考，不可尽信。纵观此词，虽然内容狂放不羁，但仔细斟酌词句，也只是柳永失意后的牢骚之语罢了。“偶失龙头望”，也就意味着对于柳永来说，科举失利，并非实力不济；“明代暂遗贤”，也就说明了“暂”时不是永远；“未遂风云便”，言下之意岂不是一遇风云，柳永这条龙便要青云直上？

不管柳永口中说得多么动听，将那青楼生涯说得多么天花乱坠，仍旧无法掩饰心中那直坠而下的沉重失落。他是如此渴望科举及第，渴望身居庙堂，否则，又怎会自诩为“白衣卿相”呢？

或许，人生真的是公平的，从这里夺走了什么，便会在别处给予补偿。柳永是科场失意，艳场得意，将那花红柳绿，统统揽入了怀中；用那一首首华美的艳词，讨得了佳人的欢心去；将满腹的文采与词情，和进了秦楼楚馆的清歌里。

渐渐地，柳永的词火了，柳永的名气也越来越大。试想，一曲《鹤冲天》，不知道出了多少落第举子的心头事，不知引得多少失意之人感伤身世，心有戚戚？哪还能不百斛买酒，千金买醉，在那烟花之地大肆消费一番，借酒消愁？

宋叶梦得《避暑录话》记载：

柳耆卿为举子时，多狭邪，善为歌辞。教坊乐工，每得新腔，必求永为辞，始行于世，于是声传一时。

柳永的名称，实在太响了，他填的曲子，在那香艳之地，最受欢迎；唱他歌词的歌妓，立刻便能在百花争艳的汴京，红上一把。以至于那些教坊的乐工，每每谱出了新曲子，都要来找柳七官人，填上一首惊艳之词；至于和柳永相交好的歌妓们，更是争着抢着要柳七官人的词呢。

找柳永填词，自然也要付些润笔费用。只需付出些许金银，便可用柳词招徕顾客，日进斗金，怎么看来，都是一笔极为划算的生意。

柳永的父亲柳宜为官正直清廉，自然不会给柳永多少钱财干那风流之事，况且此时柳宜已经七十有二。古人七十可申请退休，称为“致仕”，“致仕”后可领一半俸禄或全部俸禄。但就算柳宜此时仍领俸禄，家境也不比出仕之时，断然不会让柳永肆意胡为的。

可柳永偏偏生性风流，将那润笔费用当作了寻欢所销金银，常有大手笔，竟至入不敷出。

宋人罗烨《醉翁谈录》记载：

耆卿居京华，暇日遍游妓馆。所至，妓者爱其有词名，能移商换羽，一经品题，声价十倍。妓者多以金、物资给之，惜其为人出入所寓不常。

“暇日遍游妓馆”，柳永的生活，何其狂放；“一经品题，声价十倍”，柳词的价值，何其高昂；“出入所寓不常”，柳永的性格，何其恣肆！

闲暇之时，便游妓馆，无钱买笑，便去作词，好一个潇洒的柳七官人！

可柳永终究是忘不了功名的，一面是流连楚馆，千金买笑，一面是埋头苦读，期望一朝及第，光宗耀祖。他的词名越大，进仕之心便愈加强烈。大中祥符五年（1012），二十六岁的柳永再次应考，然而，这一次依旧是事与愿违，再次名落孙山。失望之余，柳永泼墨挥毫，写下了一首《如鱼水》：

如　鱼　水

帝里疏散，数载酒萦花系，九陌狂游。良景对珍筵恼，佳人自有风流。劝琼瓯。绛唇启、歌发清幽。被举措、艺足才高，在处别得艳姬留。

浮名利，拟拚休。是非莫挂心头。富贵岂由人，时会高志须酬。莫闲愁。共绿蚁、红粉相尤。向绣幄，醉倚芳姿睡，算除此外何求。

疏散：闲散不羁。

九陌：指京都大道，繁华闹市。

琼瓯：玉杯。

在处：指到处。

拚：舍弃。

绿蚁：美酒名。唐白居易《六年冬暮赠崔常侍晦叔》："香开绿蚁酒，暖拥褐绫裘。"

此时此刻，柳永正是失意之时，原本踌躇满志，竟然一再败北。在汴京闲散不羁，携酒系花，徜徉于大道闹市，已有数年之久了。此刻良辰美景，面对着山珍海味，柳永却是恼羞不堪，一再悲叹。幸亏柳永身边的歌妓佳人自有风流招数，劝着柳永痛饮。朱唇轻启，歌声清幽，渐渐抚平了柳永的心。而柳永仍要自负"艺足才高"，汴京处处"别得艳姬留"。

在艳姬的温软怀抱之中，柳永的心境又是变化了。

名利于我如浮云，为何不抛弃？是非对错，别挂心头，富贵哪里如人所愿，时候到了壮志自然酬。别再闲愁，何不爱那美酒佳人，向着那绣帐之中，醉依美人睡？除此之外，夫复何求。

这首词中的柳永，与《鹤冲天》中任才使气的诗人如出一辙。“富贵岂由人，时会高志须酬”，柳永正如潜龙在渊，等待着自己的时机，以酬壮志。只不过，千金买醉，借酒浇愁，却是始终难消心中块垒；放下名利，纵情声色，也仅仅是逃避现实，却是于事无补。

于是，便在那屡试不第的失落之中，在倚红偎翠的放纵之中，在那一首又一首艳丽的词章间，年华渐渐逝去。

屡试不中，众说纷纭

柳永的屡试不中，历来众说纷纭，难以明了。

宋人吴曾《能改斋漫录》曾记载：

仁宗留意儒雅，务本理道，深斥浮艳虚薄之文。初，进士柳永好为淫冶讴歌之曲，传播四方，尝有《鹤冲天》词云："忍把浮名，换了浅斟低唱。"及临轩放榜，特落之，曰："且去浅斟低唱，何要浮名！"景祐元年方及第。后改名永，方得磨勘转官。

按照此处的说法，景祐元年（1034），柳永已然考中了进士。只是他在青楼妓馆的名气实在太大，写下了的"淫冶讴歌之曲"实在太多，又经歌女传唱，传播实在太广，竟然连深宫之内的仁宗皇帝都听过他的大作。一曲《鹤冲天》，断送了柳永的锦绣前程。正是这首牢骚之词，惹得皇上龙颜大怒，御笔亲批，特地将他从中举的名单中划去。

"忍把浮名，换了浅斟低唱"——且去浅斟低唱吧！既然都如此夸口了，那还应什么试？要什么浮名?!

宋人胡仔《苕溪渔隐丛话》卷三十九引严有翼《艺苑雌黄》，记载了一个大同小异的说法：

柳永字景庄，一名永，字耆卿，喜作小词，然薄于操行。当时有荐其才者，上（指宋仁宗）曰："得非填词柳永乎？"曰："然。"上曰："且去填词。"由是不得志，日与猖子纵游娼馆酒楼间，无复检约，自称云"奉圣旨填词柳永"。

此中的柳永，并非是科场得意，考中了进士，而是因为才华超拔，被人举荐为官的。不过，因为缱绻于青楼妓馆，流连于胭脂风月，风评不高。这里的柳永，也是极为出名的，出名得仁宗皇帝也知晓一二，便问“是填词的柳永吗”，得到了肯定的答复后，仁宗皇帝一句无情的“且去填词”，便让柳永的官宦之路烟消云散了。

只不过，此处柳永却是更加狂放，既然仕途因“薄于操行”断绝了，索性便破罐破摔起来，与那般浪荡朋友日夜游遍娼楼妓馆，再也不受约束，还因为仁宗皇帝一句“且去填词”，便自称“奉圣旨填词柳永”。

皇上，不是您让我去填词的么？您金口玉言，说出的话即是圣旨，那我这不就是“奉旨填词”嘛！

奉旨填词，古往今来，也就柳永一人了，何其潇洒！

柳永事迹，不见于正史，只是散见于宋人笔记，或是道听途说，不可尽信。从北宋至今，已历千载，后人辗转传抄，多有讹误。所谓“宁为千人碑，不作柳七传”。历史的真相究竟如何，暂无可稽考。

然而，柳永久试不第，与仁宗皇帝却是毫无关系。仁宗皇帝于乾兴元年（1022）登基，登基之时年仅十三岁，尚不能处理朝政，此时仍由章献刘皇后执掌朝政大权，直至景祐元年（1034），仁宗才得以亲政。柳永蹉跎于青楼的这二十多年，当与仁宗没有丝毫瓜葛。甚而恰恰相反，正是在仁宗皇帝亲政之后，柳永才一朝及第，满腔抱负得以施展。

有宋一代，太祖、太宗时期，科举取士，为数不多，每科不过几人、几十人，最多也不过一百多人罢了，若是柳永此时不第，倒还情有可原。但到了柳永所在的真宗、仁宗朝，取士的人数已经大大增加了，每科取士或一百人，或两百人，或三百人，甚至多的能达上千人。柳永少时知名，在汴京也是一位响当当的才子，二十余年，却是始终科场不济，如果说仍要怪罪于取士太严，就有点说不过去了。难道，真的是柳永寄情风月太甚，以至于令人不齿，这才难以高中么？

其实，此时的柳永，对于整日嬉戏于妓女之间的生活，也是心存疑虑的。若是继续在妓女之间厮混，难免会耽误学业，也会令一些清高文人所不齿，为自己日后的仕途蒙灰；但若离开青楼妓馆，却也会失去润笔费，没有经济来源，自己的日子必然窘迫。上文所提的《如鱼水》一词，便隐约反映了柳永心中的此种犹豫。

若是仔细算起来，柳永所作之词，大多是算不上

“淫词艳曲”的，更无由对其大肆鞭挞。纵观《乐章集》两百多首词中，真正算得上淫媟的不过十几首。即便是这些在当时看来的淫媟之作，与那些文人士大夫酬唱之时、狎妓之时所作的淫词艳曲相比，也并不算过分。有宋之时，狎妓乃是世风所致。只不过，别人写词只是偶然为之，聊以助兴；柳永写词，却是生活所迫，自然频繁；别人之词，只在亲朋好友之间应和酬唱；柳永之词，却要经过歌女的红口白牙，传入那市井大众的耳朵里。

树大招风，柳永自然成了把柄，也难怪叶梦得在《避暑录话》如此告诫了：

柳永，字耆卿。为举子时，多游狎邪，善为歌词……永亦为他文词，而先以是得名，始悔为己累……择术不可以不慎。

柳永的才名，难说好坏，和那花魁的艳名，倒是有得一拼。

宋人对于仕子操行，出仕之前和出仕之后，要求并不一致。当然，出仕之后，要求更为严格。柳永虽然作了些淫词艳曲，但若因此而抹去他中举的身份，却也有些过了。但柳永在真宗与章献刘皇后执政期间，屡试不中，到了仁宗执政之初即一试而中，也是不无蹊跷。查看柳永的词作，则可能是因为柳永对真宗佞道颇有意见，曾经有所微词，触犯了政治忌讳。

宋真宗赵恒（968—1022）是宋太宗的第三子，宋朝的第三位皇帝。

说起宋真宗赵恒，唯一值得称道的，便是景德元年（1004）御驾亲征，征伐契丹。

宋真宗

景德元年春季，辽萧太后与辽圣宗亲率大军南下，侵入宋境。真宗心中无主，询问群臣该怎么办。一部分臣子主张迁都逃跑：参知政事王钦若自己是江南人，于是便建议迁都金陵；陈尧叟是蜀人，便建议迁都成都。真宗把这些大臣的建议告诉了宰相寇准，与他商议。寇准当即发怒说："这些点子是谁出的，应该被杀头！"他晓以利害，建议真宗前往澶州，御驾亲征。

到了澶州南城，看到契丹兵强马壮，群臣害怕了，纷纷建议在此驻扎即可，只有寇准坚持让真宗渡过黄河，前往北城。为了说服真宗，寇准还招来将领一同劝说，晓以大义，真宗这才有胆量渡过黄河，站在北城城楼上督战。战士们远远望见皇帝的冠盖，欢呼雀跃，喊声震天，立即打了个大胜仗。

契丹节节失利，便企图和大宋议和，在谈判桌上捞取好处。

真宗本来就没有抵抗的决心，在御驾亲征的同时，也派出了议和使节曹利用，前往契丹军营。至于每年供给契丹的岁币，真宗对曹利用说："逼不得已，一百万银绢也可以。"但曹利用刚从真宗的行宫出来，寇准就对他说："虽然圣上有旨意，岁币可以超过三十万。但是一旦岁币超过三十万，我就砍你的头！”后来谈判结果出来了，果然岁币的数目就是三十万。

这次盟约，就是史上著名的澶渊之盟。

真宗除了在宰相寇准的一半要求、一半胁迫之下，完成了这次“澶渊之盟”，其余事迹便乏善可陈，而他一生中的大部分时间，都用来佞道了。

景德四年（1007）十一月，宋真宗突然说自己梦见了“神人”。睡梦之中，“神人”告诉真宗，将降“天书”——《大中祥符》三篇。

这也就是宋真宗时期，“大中祥符”年号的由来。

所谓“天书事件”，之前主张迁都逃跑的王钦若又是掺和了一把。正史记载，王钦若为人奸邪险伪，善于迎合上意。为了挑拨真宗和寇准的关系，王钦若故意向真宗进言，将澶渊之盟说成是被逼无奈的城下之盟，是宋朝之耻。当真宗询问如何才能洗刷耻辱时，他又故意投其所好说：“惟封禅可以镇服四海，夸示外国。然自古封禅，当得天瑞稀世绝伦之事，乃可尔。”唯有封禅才能雪耻，而想要为封禅找个合适的由头，则“神人”降下“天书”也就是必需的了。

梦中遇见“神人”之后，真宗便开始蔬食斋戒，还在朝元殿修建道场，建造了九级彩色祭坛，装饰得非常华美。到了次年正月初三，真宗便召见宰相王旦、知枢密院事王钦若等人，告诉他们有人来报告，说在承天门南角上发现了两丈长的黄帛，中间似乎卷着书卷，上面有青色丝线缠绕了三周，封口好像有些字。

这被黄帛卷着的书卷，也就是所谓的“天书”了。

既然皇帝都这么说了，自己还能说些什么？这班大臣也是心领神会，宰相王旦马上说道：“陛下以至诚事天地，仁孝奉祖宗，恭己爱人，夙夜求治，以至殊邻修睦，犷俗请吏，干戈偃戢，年谷屡丰，皆陛下兢兢业业、日谨一日之所致也。臣等尝谓天道不远，必有昭报。”众臣自然是山呼万岁了。

接着真宗便到了承天门，焚香上拜，命人将“天书”取下，携带至道场内启封阅读。

此后，同样的“降天书”戏码又上演了几出。真宗还不惜代价，东封泰山，西封华山，又编造神话说圣祖赵玄朗即赵宋远祖，耗时七年，花费巨资修建了玉清昭应宫。

从大中祥符元年（1008）至天禧二年（1018），真宗佞道之举不断，闹得朝野上下不得安宁，劳民伤财自不待言。更为可笑的是，真宗企图用“神威”、“天意”壮大自己的声势，用以恐吓北边虎视眈眈的契丹，不得不说是痴人说梦，幼稚至极。

上有好者，下必甚焉，反对之声固然不少，也有不少士大夫写了颂词，进献以谀上意。

当时的柳永，虽然只是一介布衣，但对于真宗佞道，却是有着不少腹诽之意，从他当时所作的《玉楼春》中，不难看出。

玉　楼　春

昭华夜醮连清曙。金殿霓旌笼瑞雾。九枝擎烛灿繁星，百和焚香抽翠缕。

香罗荐地延真驭。万乘凝旒听秘语。卜年无用考灵龟，从此乾坤齐历数。

昭华夜醮连清曙：指仙乐从夜间一直演奏到清晨，祈祷神仙降临。昭华，古代管乐器名。《晋书·律历志》："黄帝作律，以玉为管，长尺，六孔，为十二月音。至舜时，西王母献昭华之琯，以玉为之。"醮，设坛祈祷。

霓旌：五色旗帜。霓，虹。旌，装饰着羽毛的旗帜。

九枝擎烛：指一干多枝的竹灯。

百和：香名，因取多种香料配成，故名。

香罗：芳香绫罗。

荐：席，这里作铺席之意。

延：请。

真驭：神仙。真，真人。驭，驭风客。

万乘凝旒听秘语：指天子屏息静气，聆听神仙秘语。旒，冕旒，即帝王礼帽前后垂下的玉串。

卜年：即卜世，占卜帝王在位的年数。

灵龟：指占卜所用的龟壳。

这首词是描写历史上汉武帝佞道之态的。武帝宫中，仙音阵阵，昼夜不歇，祈祷着神仙降临。本应是君王所在的金銮殿上，却有五色彩旗林立，祥瑞雾气笼罩。汉朝班固曾在《汉武帝内传》中记载：“（汉武帝）以紫罗荐地，燔百和之香，张云锦之帏。燃九光之灯，列玉门之枣，酌葡萄之醴，宫监香果，为天宫之馔”，以待西王母仙驾到来。“九枝擎烛灿繁星”，“百和焚香抽翠缕”，“香罗荐地延真驭”，写的不正是此种景象么？即使贵为帝王，也要屏气凝神，静听仙音。而西王母下凡，自是极大的祥瑞，从此之后，社稷自有仙人庇护，不用再以龟壳占卜，武帝享国，当与天地一般长久了。

这首词，明写汉武帝求仙之态，暗地里却是讽刺真宗佞道的。武功赫赫的汉武大帝，终成黄土，而曾经辉煌无比的汉王朝，也湮没在历史的尘埃之中，再无音讯，又岂能与天地同寿，永享国祚？汉武帝花费极大力气佞道，终究只是镜花水月，一场空梦而已。

另一首几乎同一时期的词作《玉楼春》，则是明写真宗群臣佞道的丑态的。

玉　楼　春

凤楼郁郁呈嘉瑞。降圣覃恩延四裔。醮台清夜洞天严，公宴凌晨箫鼓沸。

保生酒劝椒香腻，延寿带垂金缕细。几行鹓鹭望尧云，齐共南山呼万岁。

凤楼：指宫内阁楼。

降圣：指赵玄朗，即真宗佞道之时，朝野上下一些奸佞之人，为了迎合上意创造的赵氏先祖。

覃恩：广施恩泽。覃，深，广。

延：延及。

四裔：指四方边远之地。

醮台：祭祀祈祷之台。

洞天：《茅君内传》："大天之内，有地中洞天三十六所。乃真君所居。"

保生酒劝椒香腻：保生，保护生存之意，保生酒，即保生寿酒。椒香腻，古人有将"椒"放置在酒或浆中，献神或长者，表示尊敬的习俗，这里指椒香浓郁。

鹓鹭：鹓和鹭飞行有序，比喻班行有序的朝官。

尧云：《史记》：“尧帝者，放勋，其仁如天，其知如神，就之如日，望之如云”，指帝尧望去如云霞般灿烂，这里指真宗。

这首词，将群臣佞道之态，淋漓尽致地描绘在了纸上：皇宫之内香浓呈祥，“降圣”赵祖恩泽远播。清夜之中，祭台洞天庄严肃穆，公卿夜宴箫鼓鼎沸。“保生酒劝椒香腻，延寿带垂金缕细”两句，应该是柳永亲见的景象。

《宋史》记载：

大中祥符元年……又以七月一日圣祖降日为先天节，十月二十四日降延恩殿日为降圣节，休假、宴乐并如天庆节。中书、亲王、节度、枢密、三司以下至驸马都尉，诣长春殿进金缕延寿带、金丝续命缕，上保生寿酒。改御崇德殿，赐百官饮，如圣节仪。前一日，以金缕延寿带、金涂银结续命缕、绯彩罗延寿带、彩丝续命缕分赐百官，节日戴以入。礼毕，宴百官于锡庆院。

柳永词中的阔大排场，都是真宗佞道所用的，由此不难看出，对于佞道，真宗是到了何等地步，以至于将鬼神之事，当作了第一等的社稷大业。柳永虽未明着发表议论，但从词中群臣之态，不难看出其贬斥之意。

真宗佞道之时，王钦若、丁谓、林特、陈彭年、刘承珪等人逢迎上意，所作尤甚，被时人讽刺为“五鬼”。除了这“五鬼”及其党羽，因为真宗佞道太过，朝野上下的有识之士，心中大都有所不满。当时的柳永正值青春年纪，血气方刚，又继承了父亲柳宜敢直言进谏的个性，对真宗佞道的讽刺之意，自然流露在了字里行间。虽然他是平民身份，并未入仕，说话自然可以顾忌少些，但这份耿直的勇气，却也是足够令人钦佩了。

天禧四年（1020），柳永又作了一首《玉楼春》，是赠与李迪的。

玉 楼 春

星闱上笏金章贵。重委外台疏近侍。百常天阁旧通班，九岁国储新上计。

太仓日富中邦最。宣室夜思前席对。归心怡悦酒肠宽，不泛千钟应不醉。

星闱：皇宫。

金章：大官的官服。古代的大臣，穿朱紫官服必须佩鱼袋，称之为章服。鱼袋用金银装饰，所以叫“金章”。

外台：指州郡长官。

近侍：指皇帝近臣。

百常：形容非常高大。

天阁：指尚书台。

通班：通于朝班，指显臣。

九岁国储新上计：指九岁被立为太子的宋仁宗，因为李迪向真宗进谏才得以保全。

太仓：京师积谷的粮仓。

中邦：中国，这里指中央政府所在的京师。

宣室夜思前席对：意谓皇帝迟早还会召见，重用李迪。宣室，汉末未央宫前殿正室。《汉书·贾谊传》：“文帝思谊，征之。至，入见，上方受厘，坐宣室。上因感鬼神事，而问鬼神之本。谊具道所以然之故。至夜半，文帝前席。既罢，曰：‘吾久不见贾生，自以为过之，今不及也。’乃拜谊为梁怀王太傅。”

酒肠宽：但宽酒肠之意。

词中的李迪，曾手持笏板，身穿昂贵的金章官服，站在皇宫大殿之上，参朝议政。他曾位于尚书台显宦之列，九岁的太子也因他的进谏而得以保全，却因为皇帝亲近外臣，疏远内臣，遭到贬斥。

李迪，字复古，据宋史记载，他于景德二年（1005）中进士，为进士第一。天禧元年（1017）九月，李迪被任命为参知政事。天禧二年（1018），宋仁宗被立为太子，李迪被任命为太子宾客。天禧四年（1020），李迪又被任命为吏部尚书兼太子少傅，以此入相。但同年十一月，因为反对献章刘皇后垂帘听政，反对真宗佞道，李迪遭到了奸臣丁谓的排挤，被贬出京城，到了郓州。

历史上，宦官周怀政曾经趁着真宗病重，谋杀丁谓，拥立太子仁宗，奉真宗为太上皇。事败之后，真宗曾想责罚太子，李迪进言道："陛下有几子，乃欲为此计?"真宗听了，恍然大悟，于是便只杀周怀政，并不罪及太子了。

柳永所谓的"九岁国储新上计"，说的便是这件事。

在词的下阕，柳永劝慰了仕途失意的李迪：京师仓廪日丰，国家强盛，陛下迟早将你召回，但且放松心情，放宽酒肠，痛饮上千盅酒，不醉不归。

柳永此言倒是不虚，宋仁宗即位后，李迪果然得到了重用，再次被提拔为宰相。

天禧四年（1020）之时，柳永尚未中进士，与李迪相交时还是布衣。李迪虽然被贬，但是仍然有复用的机会，柳永此词，当然有着投献之意。从词中不难看出，对于真宗的品性，柳永是颇有微词的，对于因为反对真宗佞道、反对献章刘皇后而被贬斥的李迪，柳永则表示了理解与同情，从中也可以看出一些柳永的刚直不阿。

柳永的才名，不同于别家，柳词的流传，也不同于别词。或者是柳永实在太过狂妄，以至于将讽刺真宗的词流传了出去，不小心传入了禁宫深苑，惹得真宗龙颜大怒，这才屡试不第吧。

当然，事实也有可能并非如此，天下莘莘学子，何止千万，科举不利也是常事，柳永并非第一人。纵然是学力有所不逮，不能进士及第，倒也只是个无伤大雅的小小瑕疵罢了。

奉旨填词惜许老

屡试不中的柳永，渐渐变得心灰意冷了。

一开始，柳永是自信满满，“定然魁甲登高第”，拍着胸脯保证；待到落榜了，只得把酒寻欢，“忍把浮名，换了浅斟低唱”，聊以自慰；一再名落孙山，柳永只能缱绻花丛，“向绣幄，醉倚芳姿睡，算除此外何求”，在沉醉之中麻痹自己。“白衣卿相”，是视高官显贵如无物的清高，却也是进仕无门、投身无路的自嘲之语；“奉旨填词”是狂放不羁，不受约束的洒脱，却透出一股非其所用、怀才不遇的悲凉。

身处秦楼，心在庙堂，笔下倚红偎翠之词，心怀经济天下之志，此中感受，谁与柳同？

然而，柳永毕竟不是一个颓废的浪子，一个只知沉醉而无所作为的脂粉客。秦楼楚馆的胭脂气息，非但没有掩盖他的才华，反而成就了柳永。虽然柳永不是状元，但在歌女们的心中，他比那皇帝钦点的状元，还要出色百倍、千倍。

在歌女眼中，柳七官人就是她们心中的偶像，能见上柳永一面都是莫大的光荣，若是能和柳七官人相交往，更是想象不到的荣幸。

明人冯梦龙在《喻世明言·众名姬春风吊柳七》中是这么形容的：

不愿穿绫罗，愿依柳七哥；不愿君王召，愿得柳七叫；不愿千黄金，愿得柳七心；不愿神仙见，愿识柳七面。

柳七官人的一句话，胜得过君王召唤。不知道深宫之中的真宗皇帝，若是听到了这句，该作何想法？

《喻世明言》为小说家者言，自然有夸大之处，不可尽信。但柳永俊朗之貌、俊逸之才，所说倒也并非太过。

宋人罗烨《醉翁谈录》又是如此描述柳永的：

有仙风道骨，倜傥不羁，傲睨王侯，意尚豪放。花前月下，随意遣词，移宫换羽，词名由是盛传天下不朽。

虽然没能中了进士，但柳永的名，仍然是动了天下，所凭依的，便是那一手好词。

没能考中进士，便没有俸禄，而父亲柳宜也在早些时候离世。柳永便只能卖词为生。

柳永的词，与别家的词可是不同的。他自小精通音律，加上又有文才，写出的词，自是一品。在秦楼楚馆之中浸淫得久了，柳永便懂得了市井词客的心理。

宋人胡仔《苕溪渔隐丛话》引《艺苑雌黄》曾如此评价柳词：

柳之乐章，人多称之。然大概非羁旅穷愁之词，则闺门淫媟之语。若以欧阳永叔、晏叔原、苏子瞻、黄鲁直、张子野、秦少游辈较之，万万相辽。彼其所以传名者，直以言多近俗，俗子易悦故也。

宋人王灼《碧鸡漫志》又有评价如下：

柳耆卿《乐章集》，世多爱赏，其实该洽，序事闲暇，有首有尾，亦间有佳语，又能择声律谐美者用之。惟是浅近卑俗，自成一体，不知书者尤好之。予尝以比都下富儿，虽脱乡野，而声态可憎。

这两处记载，对于柳词评价都不算高。一个说柳词“非羁旅穷愁之词，则闺门淫媟之语”，比起欧阳修、晏殊、苏轼、黄庭坚、张先、秦少游等名家，差之数万；另一个则直斥柳词“虽脱乡野，而声态可憎”。至于柳词何以流传至广，一个说“直以言多近俗，俗子易悦”，另一个则更为直露——“浅近卑俗，自成一体，不知书者尤好之”。

柳词的风格，便是这般的。

因为词是做给名妓花魁们唱的，给风流浪客们听的，柳永自然不能卖弄文笔，掉掉书袋，亦不能弯弯绕绕，不及要旨。他笔下的文字，往往浅白易懂，多用世俗俚语；他词中的风情，往往充满了脂粉气，甚至直书床笫之欢。

在传统文人眼中，如此写词，当然当不得赞誉之语。但正是这些词，帮柳永赢得了歌女的心，也帮着柳永赢得了举世瞩目的名。宋朝叶梦得在《避暑录话》中曾记载："凡有井水处，即能歌柳词。"有宋一代，饮水可不像现在这般方便，当时几乎处处有井，如此看来，柳词之盛名，早已是传遍天下了。

即便没有庙堂文人的认可，能做到人人传唱，家喻户晓，又有几人能够比肩呢？

柳七官人如此卓拔，自然受到了妓女们的青睐。谁道是婊子无情，戏子无义？虽然除了并不固定的润笔费，柳永并无其他进项，常常入不敷出，但当时的汴京名妓们，却常常赔着自己的钱财，争着抢着养那柳七官人。如今看来，真是比齐人之福还要香艳。

一天，柳永正在汴京城中繁华的市街闲逛，无意中路过了丰条楼，突然听见楼上传来一声清脆的呼唤——"柳七官人"。柳永抬头一看，原来是京城的名妓师师。师师貌美如花，人也聪慧，最喜欢就着曲子填词，和柳永素有来往，关系密切。等到柳永上得楼来，师师不由得嗔怪他道："你前段时间去哪儿了，怎么都不到我这里来了？你以往生活所需的费用可都是我出的，我藏着的私房钱都因为你用光了。想不到今天会遇到你，想让我不翻脸，就去填首词去！”柳永见师师佯装生气，不由得笑道：“我去写词，以前的事情就别提了吧。”师师便命人准备好花笺和笔墨，供柳永填词。

柳永正在擦拭花笺的时候，突然听到有人登楼的声音，慌忙把花笺藏在怀中。登上楼来的人却是柳永认识的另外一位歌妓刘香香。刘香香看见柳永慌忙的样子，说道：“今天总算看到柳官人了，作为一个大男人，怎么能这么负心呢？当时我资助你的那些银两，我就不说了，你怀里藏着的，一定是写词的花笺，要是你填词，一定要把我的名字写进去呢！”

柳永听了，笑着取出花笺，正在凝神思索之际，忽然又听见有人上楼的声音，等人影到了眼前一看，原来是和自己熟识的歌妓钱安安。安安随意招呼了几句，看着柳永说道：“这是要填词？”柳永苦笑道：“正被你两位姐姐难为着，要我填词呢。”安安听了，眉开眼笑道：“要填词，千万别漏了我啊！”柳永听了，拿起笔，比画了一下，就准备开始填词了。

三位歌妓见状，特别开心，师师说道：“柳官人，我在这里，先写我名字。”柳永便写下了第一句“师师生得艳冶”。师师一看，乐得直嘟嘴，香香和安安却不乐意了，拿起纸来，假装要撕掉。于是柳永接着又写了第二句“香香于我情多”，这下香香又满意了，唯独安安还未满足，嗔怪道：“词里面还是没有我呢！”说着便假意把纸揉成一团，佯装生气要走。柳永一见，笑着接着写了下去，“安安那更久比和。四个打成一个”。接着，柳永笔走龙蛇，一首《西江月》瞬息而就。

西　江　月

师师生得艳冶，香香于我情多。安安那更久比和。四个打成一个。

幸自苍皇未款，新词写处多磨。几回扯了又重挼。姦字中心著我。

词中的“四个”当然是指加上柳永了。“姦字中心著我”，用拆字法，意谓三女环绕。

三位歌妓见了柳永写的新词，很是满意，一同宴请柳永。席上，师师借着柳永的韵，也作了一首《西江月》，与柳永相和：

西　江　月

一种何其轻薄，三眠情意偏多。飞花舞絮弄春和，全没些儿定个。

踪迹岂容收拾，风流无趣消磨。依依接取手亲挼，永结同心向我。

柳永见了师师的词，非常高兴，举杯和大家一起痛饮。香香对安安说：“师师姐姐既然作出如此高明的词，我喝多了，胆子大，也想来和一首呢。”于是便也作了一首《西江月》：

谁道词高和寡，须知会少离多。三家本作一家和，更莫容它别个。

且恁眼前同条，休将饮里相磨。酒肠不奈苦揉挼，我醉无多酌我。

和词结束了，酒宴便也结束，柳永辞别要走，三位歌妓同时跟他告别道：“有空的时候，希望你来看看我们。千万不要像以前那样，一去不复返啊！”柳永听罢，笑着便下楼去了。

有时，柳永在寻花问柳之际，又会碰到一些有趣之事。

应举之余，柳永也曾经外出散心。有一次，他来到了南方的金陵，和一个叫作张生的朋友，一起去寻访一位名叫宝宝的金陵名妓。两人流连忘返，一连玩了好几天。张生十分仰慕宝宝的美色，情意绵绵，却不知道宝宝心中早已中意一个富家子弟了，对于张生，只是虚与委蛇。柳永知道了这件事，也没有告诉张生，张生还一直被蒙在鼓里。一天，张生和柳永再次前往宝宝那里饮宴，恰好那个富家子弟也在。于是宝宝便把那个富家子藏在了自己的小房间里，佯装无事和张生一起饮酒。喝了一会，就假装喝多了，不胜酒力，说要回闺房休息，想等张生走了，便又可和那富家子弟混在一起了。

柳永看宝宝的样子，便知道了七八分，于是和张生开玩笑道："我听说何仙姑一个人住在仙机岩那里，有一天曹国舅来了，和她谈玄论道，两人聊得正酣，远远看见吕洞宾乘着飞剑，从仙机岩上飞入云中。曹国舅便说：'吕洞宾要来了，看见我们坐在这，怕会怀疑些什么。"何仙姑笑着说道：'没事，我把你变成丹药，吞了就好了。'等到吕洞宾来了，两人没说几句话，汉钟离和蓝采和乘着仙鹤，从空中飞来。何仙姑笑着对吕洞宾说：‘你快把我变成丹药吞掉，免得被师长看到，怀疑些什么。’吕洞宾刚刚把何仙姑吞下去，汉钟离和蓝采和就到了。蓝采和问吕洞宾：‘为什么你一个人坐在这儿？’吕洞宾回答道：‘刚才去凡间看了看，在这里休息。’蓝采和说道：‘别骗我了，你一个人坐在这里，肚子里面却有何仙姑，为什么不让她出来见我？’听他这么说，知道躲藏不住，何仙姑就只好出来了。汉钟离见何仙姑，却又笑道：‘你只知道吕洞宾肚子里有何仙姑，却不知道何仙姑肚子里还有一人呢。’”

张生听了柳永的话，明白了过来，便和柳永一齐告别离去。柳永却不急着走，而是来到墙边，写下了一首词，词名《红窗迥》：

红　窗　迥

小园东，花共柳。红紫又一齐开了，引将蜂蝶燕和莺，成阵价、忙忙走。

花心偏向蜂儿有。莺共燕，吃他拖逗。蜂儿却入，花里藏身，胡蝶儿、你且退后。

成阵价：成群成片地。

拖逗：挑逗之意。

这首词并未收录于《乐章集》之中，于今可在《全宋词》中看到。且看词境：小花园东侧，花花柳柳，红色紫色，一起开了，让那蜂、蝶、燕、莺，一阵一阵，着忙赶来。这花的心思，是偏向蜜蜂的，偏偏又有莺和燕，被她挑逗得不能自已。那蜜蜂，却进入了花蕊中，藏了身形。蝴蝶儿，你就退后吧，别凑这热闹啦。

不用说，这首词却是用来劝谏自己的朋友张生，讽刺那妓女宝宝的。宝宝正和词中的花儿一般，将心上人偷藏，却仍然不知检点，要招蜂引蝶。张生，你要看清宝宝的真面貌，切莫自误啊。

将此诗题在墙上，而不是当面说破，柳永此举，即是风雅之作，也算是给那宝宝留了些面子了。

不知不觉中，时光荏苒，流年偷换，纵然有红翠相伴，纵然是才高知名，柳永的年纪，却是渐渐地大了。一日，他偶然瞥见镜中的自己，竟是有了几根华发，多了几丝皱纹，蓦然想起，最近一段时日，精力也是大不如前。往昔的词章之乐，放浪生活，浮现在了脑海之中，柳永不禁感慨万千，写下一首《传华枝》：

传 花 枝

平生自负，风流才调。口儿里、道知张陈赵。唱新词，改难令，总知颠倒。解刷扮，能哄嗽，表里都峭。每遇著、饮席歌筵，人人尽道。可惜许老了。

阎罗大伯曾教来，道人生、但不须烦恼。遇良辰，当美景，追欢买笑。剩活取百十年，只恁厮好。若限满、鬼使来追，待倩个、淹通著到。

张陈赵：指自己认识的人很多。

刷扮：修饰打扮。

哄嗽：古代一种养生术，类似今天的气功，这里指唱歌时的运气功夫。

阎罗：即阎罗王。《法苑珠琳》："阎罗王者，昔为毗沙国王，与维陀如生王共战，兵力不敌，因立誓愿为地狱王。"

剩：真，尽，颇，多之意。

限满：大限将满。

淹通：洪广通达。

这首词像极了一幅极为贴切的自画像。柳永一生自负，才性风流，在那秦楼楚馆教坊乐工中，颇多熟识之人。写出新鲜词句，改那困难词调，对于柳永而言易如反掌，甚至还能装扮起来，表演一番剧目，当真是表里如一，才华横溢。每当遇着饮酒歌宴之时，人人都要夸赞一番。

“可惜许老了……”

时光便在这人人尽道的风流才调中一点点流逝，转眼间，柳永已老。

此时的柳永是乐观豁达的，阎罗大伯曾经教来，说人这一生不必烦恼，每当遇着那良辰，当着美景，便当追求欢乐，开怀大笑。尽管活上那百十年，只管活好。等到大限将至，鬼侍来到之时，便只要豁达乐观地去往阎王那儿报道。

词中所言的柳永固然洒脱，但现实之中的柳永真的是如此吗？

第三章，宝鞍骄马新郎君

以“白衣卿相”自诩不过是自嘲，在柳永的心中，科举及第永远是士人建功立业的不二选择。到了仁宗掌权的时代，他终于得偿所愿了。三十年寒窗，一朝中举，柳永远离了“奉旨填词”的偏门，走上了“名宦拘检”的康庄大道。外任、改官、回京、混朝廷……如此这般的生活，真的是柳永的心之所在？官宦之路，是得，是失？

年近半百终及第

纵然屡次未仕，柳永难免凉了心，纵然曾经写下“不恣狂荡，何须论得丧”的豁达之语，纵然是月下填词，以“白衣卿相”自诩，柳永的心中，并非是与朝廷对立的愤世嫉俗。恰恰相反，他的笔下越是自由，越是不羁，心中对于进仕的渴望便愈加强烈，愈加不可遏止。

翻开一本《乐章集》，描写红粉佳人、流连风月的固然不少，但柳永的笔端，描写有宋一代太平盛世、海内升平的赞颂之词，亦为不少。歌妓词与升平词旗鼓相当，几乎是《乐章集》的两翼。一边是花前月下，把酒买笑；一边是诵经读史，将以致用，这般的两面，便成柳永。

如这首《迎新春》，便是描写汴京盛况的。

迎　新　春

嶰管变青律，帝里阳和新布。晴景回轻煦。庆嘉节、当三五。列华灯、千门万户。遍九陌、罗绮香风微度。十里然绛树。鳌山耸、喧天箫鼓。

渐天如水，素月当午。香径里、绝缨掷果无数。更阑烛影花阴下，少年人、往往奇遇。太平时、朝野多欢民康阜。随分良聚。堪对此景，争忍独醒归去。

嶰管变青律，帝里阳和新布：指春去冬来，天气渐渐转暖，京城之中出现了一片畅和之气。嶰管，指嶰谷之竹所制的律本，也就是所谓定声器。青律，青帝所司之律，青帝是春神。

三五：即正月十五，元宵节。

九陌：本指长安的九条大道，这里指汴京的大街小巷。《三辅黄图·长安八街九陌》：“《三辅旧事》云：长安城中八街，九陌。”

绛树：传说中的仙树。《淮南子·墬形训》：“（昆仑山）上有木禾，其修五寻，珠树、玉树、璇树、不死树在其西，沙棠、琅玕在其东，绛树在其南，碧树、瑶树在其北。”

鳌山：堆成巨鳌形状的山。

绝缨：汉刘项《说苑·复恩》：“楚庄王赐群臣酒，日暮灯烛灭，有人引美人衣，美人援绝其冠缨，告王曰：有引妾衣者，妾绝其缨，取持火来，视绝缨者。王曰：今日饮不绝缨者不欢，君臣百官皆绝冠缨，乃出火。居二年，晋与楚战，有一人常在前，五合五获首。怪而问之，对曰：臣乃夜绝缨者也，王隐忍不曝而诛，常原肝脑涂地，用颈血湔敌久矣。遂平晋君。”

掷果：《晋书·潘岳传》：“岳美姿仪……少时常挟弹出洛阳

道。妇人遇之者，皆连手萦扰，投之以果，遂满载以归。”后以“掷果”比喻妇女对美男子的爱慕。

更阑：更深夜残。阑，尽。

春去冬来，天气转暖，汴京城中流淌着初春的畅和气息。正值元宵佳节，在柳永的眼中，元宵是无比美丽的：汴京城中，千家万户，灯火辉煌。大街小巷，香风阵阵，十里长街，灯如琼花玉树。高大的鳌山灯景耸立，箫鼓声声，传入空中。

元宵节

宋人孟元老曾在《东京梦华录》中记载元宵佳节时候的汴京景象：

正月十五日元宵，大内前自岁前冬至后，开封府绞缚山棚，立木正对宣德楼，游人已集御街两廊下。奇术异能，歌舞百戏，鳞鳞相切，乐声嘈杂十余里……金碧相射，锦绣交辉。面北悉以彩结，山沓上皆画神仙故事。或坊市卖药卖卦之人，横列三门，各有彩结金书大牌，中曰“都门道”，左右曰“左右禁卫之门”，上有大牌曰“宣和与民同乐”。彩山左右，以彩结文殊、普贤，跨狮子白象，各于手指出水五道，其手摇动。用辘轳绞水上灯山尖高处，用木柜贮之，逐时放下，如瀑布状。又于左右门上，各以草把缚成戏龙之状，用青幕遮笼，草上密置灯烛数万盏，望之蜿蜒如双龙飞走。

结合《东京梦华录》中详述的灯景，恐怕柳词中灯火阑珊的壮美景观，便可想象一二。面对如此良辰美景，柳永的心中也不禁浮想联翩：

夜色如水，素月当空。弥漫着香气的小径之中，不知有多少“绝缨”、“掷果”这般的风情呢。更深夜残，烛影花荫之下，那些年少之人也有着不少艳遇。天下承平，朝野上下黎民安康富庶，到处都是众人欢聚景象。面对此情此景，谁人又能忍受独醒归去的孤独呢？

《迎新春》是描写元宵的，那时的汴京，可谓“火树银花不夜天”。柳永另一首《抛球乐》，则是描写清明时节的汴京城的，将那禊饮春游时候的盛况描写得淋漓尽致。如同宋代那幅著名的《清明上河图》一般，在人眼前将那生动画卷徐徐展开。

抛 球 乐

晓来天气浓淡，微雨轻洒。近清明、风絮巷陌，烟草池塘，尽堪图画。艳杏暖、妆脸匀开，弱柳困、宫腰低亚。是处丽质盈盈。巧笑嬉嬉，争簇秋千架。戏采球罗绶，金鸡芥羽，少年驰骋，芳郊绿野。占断五陵游，奏脆管、繁弦声和雅。

向名园深处，争泥画轮，竞羁宝马。取次罗列杯盘，就芳树、绿阴红影下。舞婆娑，歌宛转，仿佛莺娇燕姹。寸珠片玉，争似此、浓欢无价。任他美酒，十千一斗，饮竭仍解金貂贳。恣幕天席地，陶陶尽醉太平，且乐唐虞景化。须信艳阳天，看未足、已觉莺花谢。对绿蚁翠蛾，怎忍轻舍。

宫腰：即楚腰，细腰。《后汉书·马廖传》：“传曰：楚王好细腰，宫中多饿死。”

采球罗绶：明彭大翼《山堂肆考》："《卢氏杂记》：'每岁寒食，（皇家）赐近臣帖绣彩球。'"

金鸡芥羽：《左传》："季、郈之鸡斗，季氏介其鸡，郈氏为之金距。"意为季氏将芥子撒在斗鸡的翅膀上，翻斗之时，能以芥子眯敌鸡目。郈氏给鸡套上金属的爪套，增加杀伤力。

五陵：《汉书·原涉传》："郡国诸豪及长安、五陵诸为气节者皆归慕之"。注云："五陵，谓长陵、安陵、阳陵、茂陵、平陵也。"后以五陵指豪族。唐白居易《琵琶行》："五陵少年争缠头，一曲红绡不知数。"

争泥画轮：《晋书·舆服志》："画轮车，驾牛，以彩漆画轮毂，故名曰画轮车。"泥，拘住，停驻。这里指争相停下画轮车。

金貂贳：金貂，皇帝近侍之臣的冠饰。贳，租，借。这里指解下金貂换酒。唐卢照邻《行路难》："金貂有时换美酒，玉麈但摇莫计钱。"

幕天席地：以天为幕，以地为席。晋刘伶《酒德颂》："行无辙迹，居无室庐，幕天席地，纵意所如。"

绿蚁：指绿蚁酒。

翠蛾：指女子细长的黛眉。

"晓来天气浓淡"，自破晓以来，天气便十分阴沉。这里的"天气浓淡"是偏义复用，结合上下文来看，当时应是阴云郁结天气。朦胧烟雨之中，池塘春草，如烟如画。此时烂漫的春景，在柳永的眼中，便如一位亭亭玉立的少女：杏花正艳，令人心生暖意，如浓妆艳抹的美人面庞；风中弱柳低垂，好似困倦，恰如美人弯下的纤腰，令人销魂。

如此美景，又怎能不好好冶游一番？柳永眼前，便是一番欢快景象：只听见阵阵嬉笑声，众多佳丽簇拥在千秋架旁；有的人在用丝带彩球玩耍嬉戏；有的在斗鸡取乐；少年意气勃发，在芳郊绿野纵意驰骋，春游的人，几乎被这些豪门望族占尽了。只听见笛声清脆，弦乐和谐雅正，好一派热闹的冶游春景！

待到玩耍累了，一众少年，便往那名园深处行进，争着停下画轮车，拉住好马。等众人按次第坐好，放好杯盘，便开始就着这绿树阴凉、红花美景开始宴饮了。美人婆娑起舞、婉转而歌，娇美仿佛莺燕。珍珠美玉，哪里比得上此刻无价的欢愉呢？就算美酒万钱一斗，饮毕了，也要将那金貂换酒再饮。恣意幕天席地，陶醉在这太平歌舞之中，乐在这唐尧虞舜之世一般的盛世景象里。

柳永的心中是爱这生活的：需信这艳阳春景，尚未看足，便已是莺走花谢；对着绿蚁美酒，佳人翠蛾，又怎忍轻易舍弃呢？

时间如流水一般，便在这歌舞升平之中，缓缓逝去。一同老去的，还有柳永的青春年华。

宋真宗大中祥符三年（1010），这一年的四月十四日，宋仁宗赵祯出生。

宋仁宗

说起这个宋仁宗，倒是有着一段颇为传奇的故事：宋仁宗的亲生母亲，并非是真宗的皇后刘氏，而是刘后做妃子时候的仕女李氏。李氏面貌庄重，沉默寡言，偶然之间被真宗皇帝看中了，成为了后宫嫔妃之一。侍寝之后，李氏怀了孕。当时，真宗后妃生下的男孩都不幸夭折了，因为后继无人，大宋江山将不知何托，真宗自然是心急如焚。据说，李氏怀孕之时，曾跟随真宗出游，一不小心将头上戴着的玉钗碰掉了。真宗见状，心中便暗自占卜道："这玉钗若是完好如初，生下的就是男孩儿。"后来，李氏果然生下一个男孩。

这个男孩，自然就是仁宗了。

可惜，仁宗还没能认识自己的亲生母亲，便在真宗的默许之下被刘氏占为己有，当作自己的孩子抚养了。

在宫廷之中，这位刘后权力巨大，而真宗又只知佞道，昏庸无能，到了真宗晚年时期，刘后几乎已将朝政大权一手独揽。如此巨大的权力阴影之下，仁宗的真正身世，自然也随时埋没，无人敢言。直到天圣十年（即明道元年，1032 年），李氏终于在刘太后之前病故，刘太后这才在大臣的建议之下，同意将李氏进为宸妃，并按皇妃的礼仪安葬。次年，刘太后去世，被蒙在鼓里二十多年的仁宗这才在燕王处知道了自己的身世。

到了清代小说《三侠五义》中，这件正史便得到了演绎：刘妃工于心计，为了争当正宫娘娘，竟将李氏所生之子换成了一只剥了皮的狸猫，污蔑李妃生下了妖孽。而后，李妃便被昏庸的皇帝打入了冷宫，在包拯的帮助下，才得以沉冤昭雪。

这便是流传甚广的“狸猫换太子”的故事。

仁宗一旦执政，便雄心勃勃，欲一改前政之弊，这与知晓了自己的身世，或许不无关系。

乾兴元年（1022），又是天下震动的一年：真宗去世了，冲龄即位的仁宗按照大臣王旦的建议，以象征了真宗佞道巅峰的“天书”殉葬。此后，献章刘太后大权独揽，把持朝政，范仲淹等鲠骨之臣屡次上书，请太后还政于仁宗，均以失败告终。

接下来，又是天圣七年（1029），真宗佞道之时，不惜耗费巨资修建的玉清昭应宫因火灾焚毁。

明道二年（1033），献章太后终于辞世，仁宗皇帝知道了自己的身世，开始亲政，大有改革之意。

一个新的时代即将到来，而柳永进士之路上的阻碍已然消除。

随着年轻而锐意进取的仁宗掌权，整个朝野上下气象焕然一新。仁宗初执政，自然要笼络人心，以示恩宠。因此，景祐元年的科举取士尤为宽松。

《宋史》记载：

景祐初，诏曰："乡学之士益蕃，而取人路狭，使孤寒栖迟，或老而不得进，朕甚悯之。其令南省就试进士、诸科六举；尝经殿试、进士三举、诸科五举；及尝预先朝御试，虽试文不合格，毋辄黜，皆以名闻。"

由此看来，景祐元年的这次科举，可算得上是有宋一代最为宽松的一次了。据史书记载，这一科共取士一千六百四十人。

此次科举，柳永可谓是势在必得。他的大哥三复已经考中了进士，他的二哥三接也和自己一般，是举场失意、屡试不第。

不知柳永此次是在何时何地得到了喜讯？是否又是寄身秦楼楚馆，美酒当前、佳人在怀之时？不知得到这个消息的柳永，是否将那美酒痛饮，将那佳人紧拥，将那贺喜新词，在那秦楼楚馆中余音绕梁，震得玉尘簌簌？

柳永，终于考中了！

此次科举，考中状元的那人叫作"张唐卿"，因着惯例，此榜也叫作"张唐卿榜"。进士又分为五甲，根据次第不同，所授予的官职、差遣自然也不一样。

柳永便是张唐卿榜第三榜的进士。

转眼之间，不知是谁将那流年偷换？回忆往昔，从最初的成竹在胸，“定然魁甲登高第”，到几经波折，买酒自醉“月下填词”；从挥斥方遒的书生意气，到自嘲“白衣卿相”的浪子风流；从二十出头的年少春衫薄，到年近半百的“可惜许老了”，柳永经历了太多太多。

这个进士来得太迟。

尽管如此，若说此时是柳永人生中最为得意的时候，恐怕这位风流词人也未必反对。数十载的郁结无果，一朝进士及第，此刻的柳永，心中满是欢喜，满是自得。

天宝元年（742），四十二岁的诗人李白得到唐玄宗召他入京的诏书，也是狂放自得地“仰天大笑出门去，我辈岂是蓬蒿人”。此时，四十八岁的柳永自然也是踌躇满志。《乐章集》中有一首《柳初新》，就是记载柳三变中进士之后，赴琼林宴的情景的。

柳　初　新

东郊向晓星杓亚。报帝里、春来也。柳抬烟眼，花匀露脸，渐觉绿娇红姹。妆点层台芳榭。运神功、丹青无价。

别有尧阶试罢。新郎君、成行如画。杏园风细，桃花浪暖，竞喜羽迁鳞化。遍九陌、相将游冶。骤香尘、宝鞍骄马。

东郊向晓星杓亚：古人有东郊迎春的习俗。立春日，天子率全臣在东郊迎春。《礼记·月令》："立春之日，天子亲帅三公、九卿、诸侯、大夫以迎春于东郊。"星杓亚，指北斗七星星柄低垂。杓，指北斗七星的星柄。亚，低、俯。

柳抬烟眼：初生的柳叶细长如眼，称为柳眼。

运：气运，造化。

尧阶试罢：指殿试刚刚结束。尧，指唐尧。阶，指大殿上的台阶。

新郎君：指初中的进士。

杏园：故址在今西安大雁塔南。唐代赐宴新进士于此，称为杏林宴。唐李绰《秦中岁时记》："进士杏园初宴，谓之探花宴。差少俊二人为探花使，遍游名园，若他人先折花，二使皆被罚。"这里指琼林苑。

羽迁鳞化：羽迁即羽化，用迁字为避免重复。羽化指道士成仙，《晋书·许迈传》："玄自后莫测所终，好道者皆谓之羽化矣。"鳞化，指鱼龙变化，《辛氏三秦记》："河津一名龙门，禹凿山开门，阔一里余，黄河自中流下，而岸不通车马。每逢春之际，有黄鲤鱼逆流而上，得过者便化为龙。"这里的羽迁鳞化，指举子考中进士后身份发生了巨大转变。

东郊夜晓，北斗柄沉。汴京城中报春来。新柳初生如眼，早花沾露如面。在这新春天气里，柳永渐渐发觉花红柳绿，惊艳诧绝，装点着楼台亭榭。这样的造化神功，便如同一幅无价的丹青般美绝。

殿试刚罢，春色之中，柳永和其他新科进士们成列而行，场面如画。琼林苑中，微风轻拂，桃花盛开，天气转暖，进士们个个欢喜登科。接着，便将香尘铺地，乘着骏马宝鞍，游遍京都。

古代聚会

数十载浮华，将那芳年美景，都投到了秦楼楚馆中，掷到了词曲歌谣中，一朝及第，数十载美梦成真，柳永岂能不满心欢喜？纵观此词，好一派春风得意马蹄疾的景色！此时的柳永，恐怕已将那个“忍把浮名，换了浅斟低唱”的浪子丢诸脑后，而沉迷在“宝鞍骄马”的傲气之中了。

选人路，冻水消

此时的柳永，还不叫柳永，仍然叫作三变。柳永考上进士一事，不知因为何故，在记载之中竟和他改名“永”扯上了关系。

宋人吴曾《能改斋漫录》记载：

仁宗留意儒雅，务本理道，深斥浮艳虚薄之文。初，进士柳三变好为淫冶讴歌之曲，传播四方，尝有《鹤冲天》词云：“忍把浮名，换了浅斟低唱。”及临轩放榜，特落之，曰：“且去浅斟低唱，何要浮名！”景祐元年（1034）方及第；后改名永，方得磨勘转官。

当然，正如前文所说，这里的记述并不可信。即使说柳永的确是写下《鹤冲天》，忤逆了皇帝，那他得罪的应该也是宋真宗或献章刘皇后，而非宋仁宗。恰恰相反，柳永之所以能够进士及第，还多亏了宋仁宗。如果不是仁宗刚开始亲政，景祐元年的科举取士宽松，以示优渥，柳永能否一朝及第，还未可知呢！

退一步而言，改了个名字，便想瞒过朝廷？这玩笑便是有点开大了。

有宋一代，档案制度与今天相似，甚至有些地方比现代社会更为严格，士子们自从参加乡试起，就已经建立起档案了。宋朝还有五人相保的制度，只要一人做假，五人都要受到牵连。柳永科场不济，的确是事实，但若是改了个名字就中了举，对于朝廷，未免也是太过小觑。

关于柳永改名，宋人王辟之的《渑水燕谈录》有所记载：

柳三变……少有俊才，尤精乐章。后以疾更名永，字耆卿。

“永”，有长寿之意。“耆”，也有年长之意。柳三变之所以改名柳永，看来确实是得了什么严重的疾病，这才改名，讨个吉利。只是，现在回首千年之前，却是无可稽考。柳永何时改名，因何病改名，都已不得而知了。

若是照着戏曲里面的情节，此刻的柳永，正是处在人生的高潮里。胸中块垒郁结了数十载，此时正是扬眉吐气，接下来，只需前往青楼迎娶那卖艺不卖身的佳人；或是再借着官威，惩治那作恶的坏人，便可赢得满堂喝彩，静等落下帷幕，皆大欢喜。

然而，人生并不是一场戏剧，还得真实继续。柳永的仕途，自然也不可能如他所愿，十分圆满。

有宋一代，不管有没有进士出身，初入仕途的都叫作“选人”，只能在判司薄尉、令录、初等职官、两使职官这些范围内，根据资历调动，还不算正式进入仕途。由“选人”进入京官和朝官的序列，需要经过一定年限，由特定的官员举荐，经过吏部考察合格，然后才能在京师聚集，由皇帝亲自决定分甲。分甲低的人任命为京官，分甲高的可以越过京官，直接调为朝官，这个过程称为“改官”。

柳永的父亲柳宜，当年未走改官之路，但是“选人”路途上的艰难仕旅倒是经历过的：三任县令，十五个春秋，苦于迁徙，生活清寒。

至于柳永，景祐元年进士及第，当然是“选人”，也就不能担任京官或者朝官。这也意味着柳永必须改变以往纸醉金迷的生活，离开自己视为“故乡”的汴京城，别了秦楼楚馆，别了那舞姿婆娑、歌声婉转的歌妓们。

柳永此时的心境想必是复杂的，要踏上仕途，就必须离开汴京。等第之前，柳永也必然明白这个道理。他所期望的，是“改官”之后重回汴京，真正踏上仕途。

汴京城郊，四十八岁的柳永回过身来，再望了一眼汴京宏伟的城墙，接着长叹一声，俯下身来，跨进车驾绝尘而去。一阵微风拂过，卷起树叶片片，哗哗作响。

汴京，再见！

柳永被任命为睦州团练推官。

推官最早是唐代设置的，是节度使、观察使的下属官员。到了宋代，所谓推官，实际上就是一郡的佐官。

柳永毕竟是那个名震天下的柳永，刚刚踏入仕途，便闹出了一番响动。

宋人叶梦得《石林燕语》记载：

祖宗时，选人初任，荐举本不限成考，景祐中，柳三变为睦州推官，以歌词为人所称。到官方月余，吕蔚知州事即荐之。郭劝为侍御史，因言三变释褐到官始逾月，善状安在而遽荐论，因诏州县官初任未成考不得举，后遂为法。

宋人李焘《续资治通鉴长编》也记载：

丁巳，诏幕职、州县官初任未成考者，毋得奏举。先是，侍御史知杂事郭劝言，睦州团练推官柳三变释褐到官才逾月，未有善状，而知州吕蔚遽荐之，盖私之也。故降是诏。

吕蔚，是宋朝故相吕端的第二子。当时吕蔚正担任睦州知州，或许是因为柳永在那歌馆之中博得了传扬天下的名声，吕蔚与其相交实在是赏识他的才华；又或者是柳永自己年纪大了，想要在仕途上更顺利一些，因此，柳永刚刚就任几个月，吕蔚便向朝廷举荐了他，申请改官。

只不过，按照宋代制度，官员一般一年一考察，州县官员必须经过“三任六考”，才能由举荐人向朝廷举荐，申请改官。柳永到官才刚刚几个月，自然不符合规定，吕蔚的举荐自然也就被朝廷驳回了。

改官，不是那么容易的，但柳永想要回到汴京，必须经过改官。有宋一代，终身为选人，从未改官成功的人也并非没有，那样的情况在当时被称为“老死选海”。

不得不说，柳永遇到了一个赏识他的上司。吕蔚贵为权臣，自然也知道改官需要的资历，可能是觉得柳永好歹也算是汴京城中不小的“名人”，觉得可以依仗柳永过人的才华破一次例？只不过被侍御史知杂事郭劝谏言阻止了。

虽然此次并非是柳永主动提出改官，但上级官员有此作为，柳永断然不可能不知情，他的心中，恐怕也曾因吕蔚的举荐而心怀幻想，认为可以走上捷径，尽早返回汴京呢。如此说来，柳永初登仕途便已经有了一次改官受阻，这个小小的波折，不由得让柳永重新审视起自己的官宦之梦来。

在睦州的日子算不上忙碌，闲暇之时，柳永曾来到富春江（桐江）边，写下了一首《满江红》。

满　江　红

暮雨初收，长川静、征帆夜落。临岛屿、蓼烟疏淡，苇风萧索。几许渔人飞短艇，尽载灯火归村落。遣行客、当此念回程，伤漂泊。

桐江好，烟漠漠。波似染，山如削。绕严陵滩畔，鹭飞鱼跃。游宦区区成底事，平生况有云泉约。归去来、一曲仲宣吟，从军乐。

蓼：水蓼，一种水草。

疏淡：疏朗有致。

苇：芦苇。

漠漠：密布。

桐江：钱塘江在浙江桐庐县境内的别称。

严陵滩：地名，即严陵濑。北魏郦道元《水经注》：“自县（桐庐）至於潜，凡十有六濑，第二是严陵濑，濑带山，山下有一石室，汉光武帝时严子陵之所居也。故山及濑，皆即人姓名之。”

底事：何事。

归去来：晋陶渊明《归去来兮辞》：“归去来兮，田园将芜胡不归。”

仲宣吟：王粲，字仲宣，建安七子之一，郁郁不得志，从军赋诗，渴望建功立业，希望得遇明主。其五首《从军乐》其一：“从军有苦乐，但问所从谁。所从神且武，焉得久劳师。”

此时的桐江，晚雨方停，长河安静，夜色之中可辨征帆数片。柳永的心境不由得也跟随景致开阔了起来。登上岛屿远眺，只见水草疏朗，河风萧索。几艘渔民小艇在水面行驶，载着灯火往归村落。见别人归家，远行的柳永不禁想起了自己回汴京的归途，因漂泊而伤感。

桐江是美丽的：长烟弥漫之中，水波如染色般艳丽，山峰如斧削般陡峭。环绕着严陵滩的湖畔，白鹭高飞，群鱼跳跃。

此情此景，让柳永沉醉在了美景之中，区区宦游算得了什么？何况自己还与云泉有约，何不仿效陶渊明，回归田园，吟上一曲仲宣的《从军行》，以明吾志？

此时的柳永，便是阔别了三十多载安稳的生活，阔别了歌舞繁华的汴京，在这异乡为宦的时候感到了些许漂泊的寂寞。或许是见到了眼前景色，便想到了前贤。所谓“云泉约”，即隐逸山林，梅妻鹤子，正是传统古代文人难舍的情结一种。词中说要效仿陶渊明回归田园，自然是不可能的，但提到仲宣的《从军行》，柳永心中倒是隐隐有着怀才不遇之感。

不知不觉间，一年的光阴过去了。

景祐二年（1035）四月，担任推官一年后，柳永在睦州任期已满，即被调任为余杭县令。他又背上行囊，前往余杭。据说，在前往余杭的路上，发生过一件颇为浪漫的事情呢。

说起这件事，还是得说到柳永的词上。词之于柳永，当然是至关重要的。相传，柳永这位大才子靠着词不仅过上了衣食无忧、奢侈富裕的生活，还顺利“勾搭”上了一位美艳不可方物的可心人儿。更令人艳羡的是，这位丽人还成为了柳永的终身伴侣，一生挚爱。

宋人杨湜的《古今词话》记载：

柳耆卿尝在江淮惓一官妓，临别以杜门为期。既来京师，日久未返。妓有异图，耆卿闻之怏怏。会朱儒林往江淮，柳因作《击梧桐》以寄之。妓得此词，遂负媿竭产，泛舟来辇下，遂终身从耆卿焉。

在这段记载里，柳永无疑是魅力十足：他只是作为恩客，寻那云雨之欢。一段时日的缱绻风流便俘获了美人儿的芳心。柳永又无疑是才情十足的：他的词不同于一般的词，居然用得一首词令芳心暗许、佳人回头。歌姬甚至不惜变卖了全部的家产，更是淡了红粉、离了胭脂，永弃了烟花之地，甘愿寒苦，与柳永缠绵了一辈子。

如此一段记载，对于纷杂的历史而言，无疑是显得简陋了，柳永是何时去的江淮？遇见的官妓又是何人？两人何以缠绵，何以分离？又是在何时相聚？这些揣测历史真相的线索，都变成了一则无甚感情的词话，成了字里行间令人蹙眉的缺失。少年时代的妻子英年早逝之后，柳永的确是有再娶的，还与第二任妻子留下了一子柳涚。但这位耗尽了积蓄，独自前往京师追随柳永的歌妓是否就是柳永的第二任妻子，是否就是柳涚的娘亲？这却是谁也解不开的谜团了。

有了空白，自然就留给了人们无尽的想象空间，而“柳永”二字也是一个透着数重意向的复杂影子，几句吟弄风月的词儿，自然也能引发后继文人们无尽的联想。于是乎，关于柳永的，便多了些令人动容的故事。

元朝的大才子关汉卿在杂剧《钱大尹智宠谢天香》中就曾以精彩纷呈的笔墨讲述了一个柳永与歌妓的故事：

故事中的柳永，自然是那位风流场中的浪子，他与歌妓谢天香相知相爱了。因为自己要赴京赶考，不得不暂时离开谢天香。恰巧，他的老朋友钱可担任开封府府尹，柳永便郑重地将谢天香托付给了他，让他帮忙照料。钱大尹是个传统的读书人，又在朝廷做官，自然有着十分正统的观念，对于柳永爱上歌妓一事原本是十分反对的。但在他见过谢天香之后，又认为谢天香的确有才华、重情义，配得上也不会辜负柳永，便也认同了柳永的选择。因为一些原因，为了让谢天香远离秦楼楚馆、烟花之地，钱大尹不得不演了一场戏——假意娶了谢天香，实际上则是替柳永守护谢天香的名节。

时光飞逝，寒暑流易，不知不觉三年过去了，柳永中了状元归来，见到钱大尹和谢天香走到了一起，不禁误会起来，心中自然也充满了怨恨，于是，这出戏便变得颇有看头了。

戏曲最终的结局，当然是中国式传统的大圆满——虽然多费了唇舌，但钱大尹最终还是和柳永解释了一切，而柳永自然也和谢天香走到了一起，过上了幸福快乐的日子。

就情节而论，关汉卿笔下的故事和《柳耆卿因词得妓》并无多大关系。不过，两个故事里都有着一位陪伴了柳永终身的歌妓的身影。或许正是这种关联，让另外一位充满才气的作者——冯梦龙获得了灵感。在他所著的《喻世明言·众名姬春风吊柳七》中，原本默默无闻的官妓有了自己的名字——谢玉英。而谢玉英与柳永相知、相爱的种种细节，亦是无比生动的。

在这个故事里，柳永是少年得志的，他因为作词而名声大震，又因为有人保举而被任命为余杭县令。于是乎带着满面的春风，柳永与汴京的众位名妓告别，带着琴、剑、书箱，一身游学修士的打扮，兴冲冲地上路了。一路上，柳永观赏着南国的美景，十分陶醉。到了江州，他那风流的天性又犯了，便询问当地人此处有何名妓。有人回答道："这里的歌姬能说得上的只有谢玉英，她色艺双绝，在这里能称第一。"柳永问了谢玉英的住处，便径直去拜访了。谢玉英当然不知道柳永是谁，只是看他风雅，便邀请他进了自己的小书房玩耍一番。柳永举目四顾，只见书房的面积虽小，里面的摆设却非常精致齐整，里里外外窗明几净。房里放着竹榻、茶炉，谢玉英的床间挂着一张名琴，墙壁上悬着一幅古画，显出一种古色古香的韵味。香炉中常常熏着沉香，香气氤氲令人沉醉；花瓶内频频添加清水，清清爽爽十分宜人。房间里，更有图书万卷供玩览，一枰棋局佐欢娱，高雅之趣盎然其中。柳永随意张望间，只瞥见谢玉英的书桌上放着一本小册子，上面写着"柳七新词"。

他不禁好奇起来，翻开一看，只见小册子里都是自己平时写的乐府，一个个蝇头细字，写得非常齐整。柳永便假意问道："这词是从什么地方来的呢?"谢玉英回答道："这是汴京才子柳七官人所作，妾身平日最爱听他的词，每次听到人传诵，就顺手记录下来了，不知不觉编成了这本小册子。"柳永又问道："天下间的词人多得是，你为什么偏偏喜欢柳永的词呢?"谢玉英回答道："他描情写景，字字逼真。比如他的《秋思》一篇，篇尾说'黯相望，断鸿声里，立尽斜阳'；《秋别》一篇又说'今宵酒醒何处？杨柳岸、晓风残月'。这两句把当时的情和景都写尽了，可不是一般人能写得出来的。妾身每次读他的词，都是爱不释手。只是遗憾不能亲见柳七官人。"柳永听了，不禁莞尔道："你想认识柳七官人么？小生就是了。"谢玉英一听，不禁大惊，连忙问起柳永的来历，柳永便把自己将要去余杭赴任的事情告诉了她。谢玉英听了，连忙拜倒在地，说道："贱妾凡胎，不识神仙，望乞恕罪。"接着便置办起酒食，准备款待心仪已久的柳大官人了。

柳永在谢玉英处住了三五天，其间谢玉英对柳永是关怀备至，柳永自然感受到了她的深深情谊。只可惜身在宦海自然不得十分自由，柳永怕耽误了赴任的期限，只能忍痛和谢玉英告别，谢玉英也十分眷恋柳永，一心想要追随他，便立下了山盟海誓愿意终身相伴。柳永说道："我即将去余杭上任了，若是我们在一起会十分不便，如果你真的有这般心思，那么等我任满回归的时候我们一起到长安去。"谢玉英回答道："承蒙官人不嫌弃妾身，从今天起我自当闭门谢客等待着您。还请您不要遗弃我，让我空有白头之叹啊！"柳永听她这么说，便要来了纸，写下了《玉女摇仙佩》一词。故事中的《玉女摇仙佩》自然就是柳永与新婚妻子盟誓的那首，却在这里被作者安排给了谢玉英，"今生断不孤鸾被"便是故事中柳永给予谢玉英的誓言了。将这首诗留给了谢玉英后，柳永便上路去了。

光阴荏苒，话说柳永在余杭当县令一任就是三年。等到他任期已满准备还京的时候，便想起了和谢玉英的约定，再次来到了江州。

花开两朵，各表一枝，谢玉英和柳永分别之后，一开始果然是闭门谢客的，可过了一年还不见柳永有所音讯，心里就未免有了些怨恨，再加上没了每日的花销，日子也十分难熬，她便有所动摇了。谢玉英既然在当地冠绝，恩客的车马自然盈门，也难以回绝。话说回来，谢玉英虽然和柳永做了几夜的夫妻，却也不知道柳永说的是真是假；加上有闲汉从中撺掇，谢玉英也难免放弃了约定，重又开始接客。客人之中，有个新安的大商人孙员外，其人颇为文雅，自然能讨得谢玉英的欢心，两人很快便如胶似漆起来。

这位孙员外和谢玉英好了一年有余，花费过了千金。柳永去找谢玉英时，玉英便是陪着孙员外去湖口看船去了。柳永既然没有遇到谢玉英，自然知道谢玉英是负了约，快快不乐，便取了一幅花笺，写下了一首《击梧桐》。这首《击梧桐》便是如此：

击 梧 桐

香靥深深，姿姿媚媚，雅格奇容天与。自识伊来，便好看承，会得妖娆心素。临岐再约同欢，定是都把、平生相许。又恐恩情，易破难成，未免千般思虑。

近日书来，寒暄而已，苦没忉忉言语。便认得、听人教当，拟把前言轻负。见说兰台宋玉，多才多艺善词赋。试与问、朝朝暮暮。行云何处去。

看承：看待。

会得：懂得。

心素：心意。

切切：唠叨。

便认得、听人教当：只认得听人教唆。教当，教唆。

见说：听说。

在柳永的心中，谢玉英是美丽的：美女雪靥深深引人，佳人容姿妖媚无比。玉英高雅的品格和奇美的容貌由上天赐予，真是令人惊叹。在柳永的心中，与谢玉英的邂逅是令人心醉的：自从认识她以来，便是“好看承，会得妖娆心素”，深解美人心意；在柳永的心中，分别是甜蜜的：临别之时已和佳人有约——“定是都把、平生相许”。只是，在与美人佳约之时，柳永的心中仍有千般思虑：恩情都是易破难成的，自己和玉英的前程，又岂是几句盟誓能约定的呢？

最近几日，柳永倒是有收到谢玉英的书信，只可惜书信中只是简单的寒暄之语，并无唠叨的关切之意。见状如此，柳永的心中便已明了：谢玉英定然是听了别人的教唆，便把和自己的约定置诸脑后了。接下来的两句，柳永倒是颇为自信的：自己便是如同宋玉一般，多才多艺善辞赋，玉英啊玉英，你便是如同行云一般，要往哪里去呢？

词的上阕，柳永先是回忆了和谢玉英相识相知相别的过程，又诉说了自己的担心；词的下阕，柳永抱怨了玉英的失约，自夸了两句，又询问玉英的去向。总的看来，词中还是较为单纯的叙述，并无强烈的感情。

写下了这首词之后，柳永在词后写道："东京柳永，访玉卿不遇，漫题"。接着，柳永便将词笺粘于墙壁上，拂袖而出。回到汴京之后，柳永又屡次有人举荐，一直升到了至屯田员外郎。在汴京，柳永便又回到了每日饮酒作乐的日子，与汴京的这班歌妓们亲昵。

有一天，柳永正与歌妓们调笑之时，突然听闻有美人来访，柳永一见那美人不禁吃了一惊，你道那美人是谁？正是谢玉英呢。

原来，那天谢玉英从湖口看船回来，见了墙壁上的《击梧桐》，诵读再三，不禁感慨万千，心里想道："柳永果然是有情人呢，没有辜负我们先前的约定。"她感到十分惭愧，便收拾了家财，雇了船只，径直赶往汴京和柳永相见。

故事最后的结局，自然是断花再接，缺月重圆，令人不胜欣喜的。柳永和谢玉英如夫妇般相处，玉英更是陪伴柳永终身。

从《柳耆卿因词得妓》到《钱大尹智宠谢天香》，再到《众名姬春风吊柳七》，这位原本只有一个简单的影子的歌妓渐渐变得形象丰满了，随着柳永这位宋初大才子进入了元代、清代后学们的笔下，一切在刻意渲染中渐趋稠重：无名的歌妓成了光彩照人的谢玉英；寥寥数笔的情节成了颗粒饱满的故事。经过文人的加工，史实已经旧貌换新颜，成了文学作品；柳永这位将风月花女变成了笔下文章的文人，也进入了文学作品中，成为了透着墨香的字里行间的朦胧意象，或是响着牙板的勾栏瓦舍的剧中人。

说罢了这则故事，便让我们把目光再转向余杭。余杭在今杭州，为著名的鱼米之乡。柳永少年时出游曾经来过此处，此时故地为官，倒是有着一丝熟悉之感。在余杭，柳永度过了一段清静无为、暇日放歌的悠闲生活。

嘉庆修《余杭县志》卷二《名宦传》记载：

柳永，字耆卿，仁宗景祐间余杭令，长于辞赋，为人风雅不羁，而抚民清净，安于无事，百姓爱之。建玩江楼于南溪，公余啸咏，有潘怀县风。

由此看来，这位身着官衣的柳永，和那位青楼中不羁的浪子，倒是有着相同的风致呢。“抚民清净”倒是合了黄老之道，无为而治。

这里所说的“潘怀县”就是潘岳。潘岳（247—300），字安仁，也就是后人常说的“潘安”。这位西晋文人曾为河阳令，后迁怀县县令，《晋书》称“岳频宰二邑，勤于政绩”。而且潘安貌美，“安仁至美，每行，老妪以果掷之满车”。宋玉、潘安是中国历史上常常被提到的两位美男子，而柳永词中亦常常以宋玉自比。这里用潘怀县作比，可算是遂了柳永的心了。

余杭自然风光秀丽，公事之余，柳永便跋山涉水，寻赏风景。不知不觉，又是一年光阴悄然而逝。尽管在余杭的生活令柳永感到满意，但幽静闲适的生活与柳永的性格并不契合。在担任余杭县令的日子里，柳永放不下的，是对于汴京歌舞升平的思念。

景祐三年（1036）春，站在长江边，看着满眼春景，一首《古倾杯》自柳永笔端流泻，将对于汴京的念念不忘道出了许多。

古 倾 杯

冻水消痕，晓风生暖，春满东郊道。迟迟淑景，烟和露润，偏染长堤芳草。断鸿隐隐归飞，江天杳杳。遥山变色，妆眉淡扫。目极千里，闲倚危楼迥眺。

动几许、伤春怀抱。念何处、韶阳偏早。想帝里看看，名园芳榭，烂漫莺花好。追思往昔年少。继日恁、把酒听歌，量金买笑。别后暗负，光阴多少。

淑景：美景。

断鸿：孤鸿，指失群的孤雁。

遥山变色，妆眉淡扫：指遥遥望去，初春之中，山色渐渐转绿，如美人清淡画眉。

此时，河中冰层刚刚消融，清晨之风携着暖意而来，东郊大道上已满是春色了。美丽的春景姗姗来迟，柔和的烟气和圆润的露珠将那长堤芳草笼罩。远望天际，隐约可见孤鸿南归，往那杳远的江天相接处而去。遥望，远山如美人画眉，正在初春天气里渐绿。

柳永此时正依驻高楼，极目远眺。

看到此情此景，他不禁动了几许伤春的情思。在他的记忆中，汴京的春天可不会来得这么晚。念及于此，不禁想回到那熟悉的汴京城里，看看名园芳榭，看看莺花烂漫。追忆少年时，柳永整日地把酒听歌，量金买笑，看似荒诞，却是如今最为珍视的欢愉，而告别了汴京生活的宦游之旅，却是不知暗负了多少光阴呢。

在柳永的眼中，余杭县令的生活虽然惬意，但比起汴京城来，始终是少了那喧哗震天的热闹劲儿。一首《玉山枕》，便是这般心情的写照。

玉　山　枕

骤雨新霁。荡原野、清如洗。断霞散彩，残阳倒影，天外云峰，数朵相倚。露荷烟芰满池塘，见次第、几番红翠。当是时、河朔飞觞，避炎蒸，想风流堪继。

晚来高树清风起。动帘幕、生秋气。画楼昼寂，兰台夜静，舞艳歌姝，渐任罗绮。讼闲时泰足风情，便争奈、雅歌都废。省教成、几阕清歌，尽新声，好尊前重理。

次第：这里是转眼间的意思。

当是时、河朔飞觞，避炎蒸：唐徐坚《初学记》引三国魏曹丕《典论》：“大驾都许，使光禄大夫刘松北镇袁绍军，与绍子弟日共宴饮，常以三伏之际，昼夜酣饮，极醉，至於无知。云以避一时之暑，故河朔有避暑饮。”后以“河朔饮”指夏日避暑之饮或酣饮，亦省作“河朔”。

兰台：在今湖北钟祥县东，这里泛指台榭。战国楚宋玉《风赋》：“楚襄王游于兰台之宫，宋玉景差侍。有风飒然而至，王乃披襟而当之，曰：‘快哉此风！寡人所与庶人共者邪？’”

讼闲时泰：指民间诉讼之事少，此时国泰民安。

省：曾经。

这首词也是作于雨后初晴时分。此时的荒野已被急雨荡尽，空中残霞绚丽，残阳倒映水中，如诗如画。天外云气如山，数朵相依；池塘之中，满是带雨芰荷，一番急雨过后，转瞬已经是几番落花。看到如此情景，柳永不禁遥想魏文帝曹丕当年河朔痛饮之景，若是此时把酒痛饮，恐怕也能将那魏文帝的风流，追上些许呢。

傍晚时分，高木之间大风扬起，吹动了帘幕，将那秋天的肃杀之意，生起了一二来。此间地段，华美的高楼台榭昼夜都寂静无人，如此意境，便又让柳永的笔端移向了歌女。虽然词的下阕有些俗套，但这般闲适淡雅的风情，却是柳词中少见的呢。

相传，柳永在担任余杭县令之后，又被任命为浙江定海晓峰盐场的盐监。宋人祝穆《方舆胜览》记载：

柳耆卿监定海盐场，有题咏。

元朝大德年间的《昌国图志》也记载了柳永的《鬻海歌》一首。

鬻海歌

鬻海之民何所营？妇无蚕织夫无耕。
衣食之源太寥落，牢盆鬻就汝输征。
年年春夏潮盈浦，潮退刮泥成岛屿。
风干日曝盐味加，始灌潮波塯成卤。
卤浓碱淡未得闲，采樵深入无穷山。
豹踪虎迹不敢避，朝阳山去夕阳还。
船载肩擎未遑歇，投入巨灶炎炎爇。
晨烧暮烁堆积高，才得波涛变成雪。
自从潴卤至飞霜，无非假贷充糇粮。
秤入官中得微直，一缗往往十缗偿。
周而复始无休息，官租未了私租逼。
驱妻逐子课工程，虽作人形俱菜色。
鬻海之民何苦辛，安得母富子不贫。
本朝一物不失所，愿广皇仁到海滨。
甲兵净洗征输辍，君有余财罢盐铁。
太平相业尔惟盐，化作夏商周时节。

鬻海：指煮海水制盐。鬻，通“煮”。

寥落：稀少，短缺。

牢盆：煮海用的器皿，形状像锅。《史记·平准书》：“愿募民自给费，因官器作煮盐，官与牢盆。”

输征：指纳税。

年年春夏潮盈浦，潮退刮泥成岛屿：指春夏之际，潮水涨起，漫过海滩，泥土都被海水侵入，含有不少的盐分。煮海之民刮下泥土，在盐池之中堆积成山，用来煮盐，看起来像是岛屿一般。

风干日曝盐味加，始灌潮波塯成卤：指为了增加含盐量，收集起来的泥土需要先经过暴晒，再加入盐池之水，再暴晒，再加水，反复几次，使含盐量达到饱和。塯，通“溜”。卤，指盐碱地。

潴卤：指含盐之土。

假贷：借贷。

糇粮：粮食。

课工程：意思是做煮海之业。

如此一来，似乎柳永确实是做过定海盐监了？其实不然，有宋一代，做监官的，除了罪官之外，只能是“选人”。柳永当然未犯过罪，所以做盐监只能是在改官之前。而柳永为选人的时间一共只有四年，景祐二年（1035）四月他才离睦州任，宝元元年（1038）正月即离任泗州，此间不到三年的时间，柳永便担任了余杭县令与泗州判官两个职务，若是再担任盐场监官，就是三年三任了。这并不是没有可能，但是以惯例来说，未免不合情理。

仔细考察《鬻海歌》中所言，便不难发现一些柳永官宦痕迹的端倪。

据《宋史·食货志》记载，杭州、明州、秀洲都是有盐场的，定海虽在明州，但柳永要见到制盐之景，写《鬻海歌》则不必在明州。此外，《宋史·食货志》还有如下记载：

异时灶户鬻盐，与官为市，盐场不时偿其直，灶户益困。秉先请储发运司钱及杂钱百万缗以待偿，而诸场皆定分数：钱塘县杨村场上接睦、歙等州，与越州钱清场等，水势稍浅，以六分为额；杨村下接仁和之汤村为七分；盐官场为八分；并海而东为越州余姚县石堰场、明州慈溪县鸣鹤场皆九分；至岱山、昌国，又东南为温州双穗、南天富、北天富场为十分；盖其分数约得盐多寡而为之节。自岱山以及二天富炼以海水，所得为最多。由鸣鹤西南及汤村则刮碱淋卤，十得六七。

近海与远海，制盐方法并不相同：近海的为晒盐，远海的为煮盐。上述记载中，近海以“炼以海水”制盐，远海的则是采用“刮碱淋卤”的方法。钱塘县杨村和仁和县汤村都是远海地区，采用的自然也是“刮碱淋卤”之法，和柳永《鬻海歌》所描写的一致。如此看来，则应当是柳永在担任余杭县令期间，前往杨村或是汤村看见制盐的场景，心有所感而写出的诗作了。

这首《鬻海歌》是模仿白居易新乐府而作的。白居易有新乐府十五首，每首题目之后都有一句小序，如“卖炭翁，苦宫市也”、“杜陵叟，伤农夫之困也”，以明作者意旨。柳永此作，也题有小序“鬻海歌，悯亭户也”。由此可见，柳永在这段选人时光里，倒的确是体恤民情，做了一些实在之事的，也难怪《余杭县志》要将柳永列为“名宦”了。

柳永的一生与两个地点结下了不解之缘。如果说汴京是一个魂牵梦萦却始终解不开的心结，那么杭州则是安居时置诸脑后却始终如一的桃源。柳永的两次外任，都曾经历心境起伏，也都曾在杭州获得心灵的休憩。只不过，在担任余杭县令期间，柳永留下的不仅仅是贤名，也有着一段让后人们闭口不言，甚至有些不耻的传言呢。

对于这段传言，明人蒋一葵在《尧山堂外纪》中曾经有此记载：

周月仙，余杭名妓也。柳耆卿年甫二十五岁来宰兹郡，造玩江楼于水浒，每召月仙至楼歌唱，调之，不从。柳缉知与隔渡黄员外昵，每夜乘舟往来，乃密令艄人至半渡强赢勾之，月仙不得已从焉，惆怅作诗一绝云："自叹身为妓，遭淫不敢言。羞归明月渡，懒上载花船。"明日，耆卿召佐酒，酒半，柳歌前诗，月仙大惭，因与耆卿欢洽。耆卿喜，作诗曰："佳人不自奉耆卿，却驾孤舟犯夜行。残月晓风杨柳岸，肯教辜负此时情？"自此，日夕常侍耆卿，耆卿亦因此日损其名。

在这样一个故事里，柳永的行径与那个风流自诩的才子相去甚远，无异于下流甚而龌龊了。只因召歌妓侍奉不得，柳永恼了，暗地里派遣舟人，在渡船之上，强逼着周月仙行那不轨之事。周月仙身为一个弱女子，自然是无力反抗。更可恶的是，柳永居然还作诗一首，当面加以侮辱，将那满腹的才情化作了作弄人的手段，真是令人叹息不已，甚而要破口大骂了。

故事最终的结局倒是令人哭笑不得。遭受了柳永这般的凌辱，周月仙反倒是"日夕常侍奉耆卿"，或许是胭脂堆里的人大抵没有那么自由，柳永作为地方官员也还有些权势，也便是她常见的纨绔中的一个吧。

如此行事，柳永虽得美人在怀，但自然也是“日损其名”，遭人非议也是在所难免，与那个在汴京如鱼得水的浪子相比，却是减尽了风情了。

如此这般的记载，与其他书籍史料中的柳永形象是大相径庭，其真伪自然也需要考证一番，可惜史籍零落，也只能由人分说了。到了后学们的笔下，这个故事也被改头换面，穿上了新装，比如在《众名姬春风吊柳七》中，就是如此记述柳永和周月仙的：

柳永过了姑苏，来到了余杭县上任。柳永当官十分清正，民间争讼自然也就少了。柳永在处理政事的闲暇，便在大涤、天柱、由拳这些山间登高游玩，赋诗饮酒。在余杭县中有着几家官妓，柳七官人如此风流，这些官妓们自然是轮流侍奉。而柳永也有一个怪癖：一旦讼牒中有着歌妓的名字，便不准执行。歌妓之中，有一位叫作周月仙的，不仅长得美丽动人颇有姿色，还颇通文墨，有些才华。有一天，正轮到周月仙伺候柳永，正在唱曲饮酒、寻欢作乐的当口，却被柳永瞥见周月仙眉宇间的闷闷不乐之色，于是便问起了其中缘由。面对柳永的询问，周月仙先是低下头默默无语，两行清泪却顺着脸颊流了下来。见状如此，柳永不禁再三盘问，这才问出了实情。

原来，周月仙和当地的一位黄秀才情投意合，两人感情甚洽。周月仙一心只想嫁给那位黄秀才，只可惜黄秀才家中贫苦，根本拿不出钱财来置办财礼。那周月仙因为深爱着黄秀才，决心给他守节，誓不接客。老鸨再三逼迫周月仙，月仙却只是不从。因为这周月仙是老鸨亲生的闺女，也不忍再逼，只能放任自流，无可奈何。

那黄秀才的书馆和周月仙家只隔着一条大河，每天夜里，周月仙渡船过河，和那秀才相聚，倾诉衷肠，到了拂晓便又回来。同县之中，有一个刘二员外喜爱周月仙的美色，想要和她欢会。周月仙执意不肯，饮了四句诗道："不学路傍柳，甘同幽谷兰；游蜂若相询，莫作野花看。"听这诗中的意思，便是自矜名节不愿侍奉了。这刘二员外眉头一皱，心生一计，便花了些银子买通了舟人，让他趁周月仙渡河的时候，把船划到没人的地方强辱周月仙。舟人贪图银两，果然趁着周月仙上船的时候，把船远远撑开了去。周月仙见船行的路线不对，连忙喝止舟人，让他停下，可是那位舟人又哪里肯答应呢？等一直把船摇到了芦花深处的僻静之所，舟人便把船停泊下，走进了船舱里，将那周月仙抱住，硬逼着一定要她做那云雨之事。周月仙见状，明白了自己难以脱身，不得已只能从了。等到云收雨散，周月仙无比惆怅，于是又赋诗一首："自恨身为妓，遭污不敢言。羞归明月渡，懒上载花船。"确是在遭受侮辱之后，心中有着难言的苦涩。

这天夜里，周月仙仍然到黄秀才馆中住宿了，却不敢声张这事，更不用说告诉黄秀才了。等到天亮了，周月仙也照旧回到家里。那位舟人却是悄悄记住了这四句诗，把这四句诗告诉了刘二员外。刘二员外自然是十分高兴，随手便把一锭银子赏给了舟人，接着便派人邀请周月仙去家中佐欢。酒至半酣，他又去调戏周月仙，周月仙自然是推阻再三。这时刘二员外却取出了一把扇子，扇子上面有四句诗，便叫月仙吟诵。周月仙一看，不禁大惊失色。原来这扇子上的四句诗，就是她在船上吟的那四句，当下便哑口无言了。刘二员外说道："此处牙床锦被，强似芦花明月，小娘子勿再推托。"周月仙听了，满面羞惭，只觉得无处容身，只能从了刘二员外，任他云雨。从此以后，这刘二员外就每天在她家占住，也不允许周月仙和黄秀才来往了。

自古有云："小娘爱俏，鸨儿爱钞。"黄秀才虽然有着儒雅之风，但怎么比得上刘二员外手中有钱有钞？于是那周月仙的娘亲老鸨自然是十分满意的，可是周月仙心中只惦记着她的黄秀才，因此整日的闷闷不乐。这次被柳永再三盘问，只能将一番衷情说给了柳永听。说来也巧了，柳永正是那风流浪子中的翘楚，秦楼楚馆的常客，听到了周月仙的这番话，自然是心生怜悯的，当天就把那位老鸨叫了过来，给了她八十千钱作为身价，替周月仙赎了身。接着又派人请黄秀才来和周月仙相见，让他领着周月仙回去，两人拜堂成亲，成为夫妇。黄秀才和周月仙见状，自然是拜谢不尽。正是：风月客怜风月客，有情人遇有情人。

《众名姬春风吊柳七》中周月仙的故事和《尧山堂外纪》却又是大相径庭了。前者的柳永虽是官宦，却强逼着歌妓侍奉，为了达到目的不惜行下作之事；后者故事中的“柳永”却换了个人，变成了子虚乌有的“刘二员外”，而柳永则成了一个成人之美的好官，一个风度翩翩的正人君子，如此反差，却是不得不让人笑叹了。

《尧山堂外纪》中的故事真实与否，自然是待考的。仅仅凭一段记载就对柳永加以褒贬自然是显得有失公允，可是对于后学们来说，若是对历史记载视若无睹，或是因为避讳而对古人加以饰美，倒也是大可不必。柳永的一生如浮萍般飘忽不定，其生平事迹也散落于历史的故纸堆里，难以拾掇齐整。若是正如故事里所记载的那般，柳永做过如此下作之事，那也只能证明人无完人，瑕不掩瑜。《众名姬春风吊柳七》既然是一则小说，则必然会倾向于把柳永这位放浪才子描绘得更加风流倜傥，因此便不惜用了曲笔，生生将历史的记载拐了个弯儿。不过话说回来，以柳永在余杭县上的作风而言，他为官的风尚倒是与《尧山堂外纪》中的无耻形象大相径庭的，这段记载只能存录，也不可以轻信，只能算是众说纷纭中的柳永一种吧。

景祐三年（1036）夏季，又是一纸调令，柳永余杭县令任满，前往泗州（今江苏盱眙一带）担任判官。柳永走水路，自京杭大运河前往任地，在舟船之上回想起在余杭悠闲的日子，不禁感慨万千，写下了一首《过涧歇》。

过　涧　歇

淮楚。旷望极、千里火云烧空，尽日西郊无雨。厌行旅。数幅轻帆旋落，舣棹蒹葭浦。避畏景，两两舟人夜深语。

此际争可，便恁奔名竞利去。九衢尘里，衣冠冒炎暑。回首江乡，月观风亭，水边石上，幸有散发披襟处。

淮楚：这里指泗州。

火云：夏云。

旋落：渐渐落下。

舣棹：停船靠岸。

畏景：夏天的太阳，这里指炎热的天气。

九衢：长安九街。

衣冠：指身份高贵的人，这里指作者本人。

江乡：这里指余杭。

此时泗州尚远，极目眺望亦不可及。空中千里尽是夏云，西郊整日无雨。如此炎热的天气，让柳永厌倦了行役宦游。眺望河面，只见几艘船上轻帆徐降，停靠在长满蒹葭的岸边躲避炎日。舟人两两悄然耳语，直至夜深。

这时候的柳永，便是不愿朝着那名利竞逐的，不愿为了仕履，为了那汴京城中的脸面，忍着那炎暑的。回首余杭水乡，月下亭中、水边石头上玩赏景物，散发披襟，又是何等快意？

清人黄氏《蓼园词评》曾评论此词道：

趋炎附热、势利薰灼、狗苟蝇营之辈，可以“九衢尘里，衣冠冒炎暑”二语尽之。耆卿好为词曲，未第时，已传播四方，西夏归朝官且曰：“凡有井水饮处，即能歌柳词。”其重于时如此。尝有鹤冲天词云：“忍把浮名，换了浅斟低唱。”及临轩放榜，时人语之曰：“且去‘浅斟低唱’，何要浮名。”是耆卿虽才士，想亦不喜奔竞者，故所言若此。此词实令触热者读之，如冷水浇背矣。意不过为“衣冠冒炎暑”五字下针砭，而凌空结撰，成一篇奇文。先从舟行苦热，深夜舟人之语，布一奇景。忽用“此际”二字，直接点入衣冠炎暑，令人不测。以后又用“江乡”倒缴，只一“幸”字缩住。语意含蓄，笔势奇矫绝伦。

在泗州任上，闲暇之时，柳永曾到淮河边休憩赏玩，无意中见到采莲女采莲的情景，便用一首《河传》，记录了这与歌妓们不一样的佳人风情。

河　　传

淮岸。向晚。圆荷向背，芙蓉深浅。仙娥画舸，露渍红芳交乱。难分花与面。

采多渐觉轻船满。呼归伴。急桨烟村远。隐隐棹歌，渐被蒹葭遮断。曲终人不见。

向晚：临晚。

向背：指正反两面。

仙娥画舸，露渍红芳交乱。难分花与面：指佳人在船上，面色与荷花相乱，二者皆美，不好分辨。南朝梁元帝《采莲曲》："碧玉小家女，来嫁汝南王。莲花乱脸色，荷叶杂衣香。"

棹歌：引棹而歌。

蒹葭：《诗经·秦风·蒹葭》："蒹葭苍苍，白露为霜。所谓伊人，在水一方。"

曲终人不见：唐钱起《省试湘灵鼓瑟》："曲终人不见，江上数青峰。"

傍晚时分，淮河岸边，柳永停足伫立，极目望去，朵朵绽放的荷花隐藏在圆形荷叶之中，或在正面，或在背面。其中，更有佳人驾着小舟采莲，佳人与荷花争艳，难分何者是花，何者是佳人面。

渐渐地，采莲女采得多了，小舟也已装满，于是便呼唤着同伴，一同归去，急急地划动船桨，向那烟波中的村庄而去。佳人引棹而歌，歌声隐约，柳永正想看去，却不想视线已被那蒹葭遮断，曲终人不见了。

仁宗好词，破例改官

宝元元年（1038），柳永终于获得了改官的机会。

宋代官职，选人与京官朝官可谓是两大层次。苏洵曾在《上韩丞相书》中说："凡人作官，稍可以纾意快志者，至京朝官始有其仿佛耳。自此以下者，皆劳筋苦骨，摧折精神，为人所役使，去仆隶无几也。"所谓"选人"，便是低级官员，经过改官才能过上舒适快意的生活。柳永的父亲柳宜，也是经过"叫阍上书"之后，才被看重，摆脱清贫生活的。

关于柳永改官之事，历来有着不同的说法。如《宋人轶事汇编》引《画墁录》记载：

柳永既以词忤逆仁宗，吏部不敢改官，三变不能堪，诣政府，晏公曰："贤俊作曲子么？"三变曰："只如相公亦作曲子。"公曰："殊虽作曲子，不曾道彩线慵拈伴伊坐。"

晏殊幼年即有"神童"之名，少年得志，作为太平宰相，一生享尽荣华富贵。他的笔下，大多是男女之间的相思爱恋和离愁别恨，纯净雅致。柳永的词，朴实直露，又常常缱绻于床笫之欢，自然为晏殊这样的传统士大夫所不齿。但他恐怕想不到，教坊妓馆之中，那些听众们所喜欢的，正是柳永这种如同口语般贴近生活的直露之言吧。

若是按照《画墁录》中的说法，则柳永改官是受阻的了，然事实并非如此。

柳永此次改官，被除著作郎（正八品），差遣为西京陵台令。

这里，不得不啰唆两句宋代的官制。有宋一代，有寄禄官与差遣之分。所谓寄禄官，大都表示品级，也就是领薪俸的依据；所谓差遣，可认为是真实官职，也就是所要进行的工作。以柳永为例，著作郎是寄禄官，西京陵台令是差遣。

说起西京陵台令这个职位，倒是有着一番不小的来历：

有宋一代，真宗之前，宣祖（太祖与太宗之父赵弘殷）、太祖、太宗的陵寝都在巩县永安镇（今河南巩县南），合称为“三陵”。因为如此，此后北宋各朝的帝王都陆续葬在这里。帝王葬所自然不可轻视，于是永安镇便从巩县分离了出来，升级成为了永安县。经过一段时日，永安县又逐步扩大，其官员品级也不断提高，逐渐成为了从六品的建制。所谓陵台，不是县名，其本意是指陵墓之前祭祀所用的台子，后来便成了帝王葬地所在的代名词。所谓陵台令，自然也不是县令，而是管理帝王陵寝的官员。

仔细算来，柳永此次改官，不可不谓异常顺利。

首先，一般而言，按宋代官制，一年为一考，改官需要经过“三任六考”，即至少六年，然而，柳永在选人期间，才经过仅仅四年便已得到改官的机会了。

其次，京官与朝官也有不同。朝官，又称为升朝官、常参官，平时参与朝见的才叫作朝官，秘书郎以下并不参与朝见的称为京官。一般而言，改官只能改为京官，由京官磨勘应格升为朝官，又需一番资历，称为转官。此次柳永，却是直接越过了京官被提拔为朝官。

再次，按照柳永的资历，即使已经满足了“六考”的规定，也只能改官为著作佐郎（从八品），然而，柳永却仅仅在四年之后就进入京师，仁宗皇帝亲自召对柳永之后，超擢柳永为著作郎（正八品），授予西京陵台令的官职。按照宋制度，大州通判为正七品，中下州通判为从七品，而陵台令已至从六品，柳永改官著作郎后就被授予了这样的官职，起点不可谓不高。

那么，柳永此次改官，为何会有如此之好的待遇呢？

《宋史》记载：

初，选人四考，有举者四人，得磨勘迁京官；始诏增为六考，举者五人，须有本部使者。

宋初，选人只需经过“四考”，也即四年即可改官，仁宗天圣年间才下诏改为“六考”。柳永此次超擢提拔，虽然是破了例，但仔细算起来，倒也算是有据可循，不算出格。

历史上，仁宗可算是个亲力亲为的皇帝，对于选人改官之事审查极为严格。宋代的御史更是可以“风闻言事”，即不需要经过调查落实，只需要听见传闻，即可进谏弹劾。柳永能够如此顺利改官，不可能是通过什么手段，很可能与宋仁宗有着些许关系。

正如上文所说，柳永在担任余杭县令之时颇有政绩。“抚民清净，安于无事，百姓爱之”，甚而至于“有潘怀县风”。而柳永的为人，自然是倜傥不羁，长于辞赋，汴京城中，享有着极大的名气。

能力够了，便是名气拉了柳永一把。

根据记载，仁宗本人对于柳永的词也是爱不释手。宋人陈师道《后山诗话》记载：

柳三变作新乐府，天下咏之，遂传禁中。仁宗颇好其词，每对酒，必使侍从歌之再三。

柳永的名气，未免也太大了吧，居然传入了禁中，传入了皇帝的耳朵里。而这位仁宗皇帝，显然也是柳永忠诚的粉丝，对酒当歌，必用柳词。

如此看来，在柳永有所建树的基础上，超擢提拔便是理所当然了。

仔细说起来，陵台令虽然官职高，实际上却是个清闲的职位。陵台令，名义上需要掌管永安县事务，但实际上，县内另有官员管理，陵台令只是个甩手掌柜，柳永倒也是乐得清闲了。

此时的柳永，改官不可谓不顺利，所授官职不可谓不大，差遣不可谓不轻松，还有什么可抱怨的呢？如果硬要说还有什么不如意之处，那么就是差遣所在地为河南永安县，而不是那个他夜夜笙歌了三十多年的汴京城。但等西京陵台令任期一过，自己必有大用，重回汴京指日可待。

等着吧，汴京，等我回来。柳永如是想。

宝元元年（1038）春，朝中发生了一件大事。宰相吕夷简因为有“纳惠市恩”的朋党之嫌而被罢相，前往许州担任通判。

说起这个吕夷简，可算得上是宋朝的名相，仁宗年幼之时，献章刘太后垂帘听政，他殚精竭虑地处理政事，同时也注意节制太后的权力。

天圣末年，仁宗皇帝的亲生母亲李氏去世，此时仁宗的身世还在保密之中，宫里没有治丧。吕夷简知晓了此事，便在朝堂上向太后奏事说：“听说皇宫里有嫔妃死了。”太后听后不禁一惊，马上说道：“丞相为什么要干预宫里的事情？”为了避免仁宗有所耳闻，太后便把小皇帝带进了宫里，过了一会儿，才独自一人出来，厉色质问吕夷简道：“你为什么要离间我们母子？”吕夷简却正色说道：“难道太后不想保存刘氏一族了吗？”太后想了一会儿，这才恍然大悟——自己百年之后诸事也由不得自己了。

最终，刘太后按照吕夷简所说，以皇后之礼将李氏下葬。

对于这位宋初名臣，柳永可谓恭敬之至。因为宋代有所规定，现任官不许越境，柳永便一路送吕夷简至颍州，并作词相赠。这首词便是《如鱼水》。

如 鱼 水

轻霭浮空，乱峰倒影，潋滟十里银塘。绕岸垂杨。红楼朱阁相望。芰荷香。双双戏、鸂鶒鸳鸯。乍雨过、兰芷汀洲，望中依约似潇湘。

风淡淡，水茫茫。动一片晴光。画舫相将。盈盈红粉清商。紫薇郎。修禊饮、且乐仙乡。更归去、遍历銮坡凤沼，此景也难忘。

相望：相对。

依约：隐约。

相将：相与，相共之意。

盈盈红粉清商：指歌女唱歌优美的样子。《旧唐书·乐志》："清商者，南朝旧乐也，永嘉之乱，五都沦覆，遗声旧制散，南，梁之间，南朝文物，号为最盛，人谣国俗，亦世有新声。后魏孝文、宣武，用师淮汉，收其所获南音，谓之清商乐。"

紫薇郎：即中书郎。《旧唐书·职官志》："中书省，开元元年改为紫薇省，五年复旧。"

修禊饮：古代习俗，三月三日在水边洗濯，以拔除妖邪。修禊时候的宴饮即是修禊饮。《后汉书·礼仪志》："是月上巳，官民皆洁于东流水上，曰洗濯祓除，去宿垢，为大洁。"

銮坡凤沼：指翰林院中书省。銮坡，即金銮坡。《资治通鉴》："苍猝召翰林学士郑絪、卫次公等至金銮殿。"胡三省注引宋程大昌《雍录》曰："金銮坡者，龙首山之支陇，隐起平地而坡陁靡迤者也。其上有殿，名曰金銮殿 。殿旁有坡，名曰金銮坡 。"凤沼，即凤凰池，中书省所在地。《晋书·荀勖传》："勖久在中书，专管机事。及失之，甚罔罔怅怅。或有贺之者，勖曰：'夺我凤凰池，诸君贺我邪！'"

此时正是三月初三修禊之日，柳永和吕夷简在颍州西湖泛舟，听曲观景。看那湖光，淡淡雾霭漂浮空中，水中显现乱峰倒影，十里池塘泛着银光，水波微漾；看那岸边，垂杨绕着岸边排开，朱红色的楼阁两对而立；再看那水中，鸂鶒鸳鸯，两两成双，相互嬉戏。刚刚下过一场雨，汀洲之上，兰芷芬芳。如此美景，恍惚中，让柳永看到了年少时曾游及的潇湘风景。

和风淡淡，烟水茫茫，一片晴光随着水波晃动，在画舫上与吕夷简泛舟，听着貌美歌妓所唱的清商南音，柳永劝慰吕夷简道："中书郎，此次修禊宴饮，且好好享受这如仙境的美景吧。等到奉旨还朝了，就是看遍中书省，这样的景色也难忘。"

此词先是写景，其后又转入劝慰，说的是要惜取眼前景，言外之意却是说吕夷简不日即将还朝重掌大权，颇有新意。从这首词中，不难看出柳永的投献之意，他本人亲至颍州相送，也表现得十分殷勤。

实际上，有宋一代，投献之事实属平常，有些人所做尤甚。三变的哥哥三复就曾以自身超卓的球技接近宰相丁渭，获得升迁。对此，《中山诗话》便有记载：

柳欲见晋公无由，会公蹴球后园，偶迸出，柳挟取之，因怀所业，戴球以见公。出书再拜者三，每拜，球起复于背膂幞头间，公乃笑而奇之，遂延于门下。然弟子拜师，常礼也，独球多贱人能之，每见劳于富贵子弟，莫不拜谢而去，此师拜弟子也。术不可不慎，此亦可喻大云。

这个柳三复倒还真是有一套，先是拿出自己的书卷相送，接着又是拜了三次，每次下拜还要炫出球技，以此吸引眼球，以至于让人叹息“术不可不慎”。

相比之下，柳永的投献堪称自然得当。而且柳永的眼光的确高明，很快，吕夷简就被召回了汴京，以右仆射入相。

由此看来，这位宰相吕夷简和柳永的关系甚好，也正因如此，两人才能一同饮宴泛舟。只是，到了明代小说《众名姬春风吊柳七》，柳永对于吕夷简的投献，变成了他屡试不第，甚至是奉旨填词的缘由。如今看来，颇为有趣：

有一天，柳三变正在徐冬冬居住的积翠楼，和徐冬冬嬉戏玩耍，宰相吕夷简派人寻了过来。来人说道：“宰相吕大人马上就要过六十岁生日了，家妓却没有新的词祝寿用，特地来求柳员外写一首新词。还请员外马上动手，我们好早日演戏呢。这里有两段蜀锦、四段吴绫，是赠送给您的润笔费，还请笑纳。”柳三变答应了，留着来人在楼下喝酒吃饭，接着便问徐冬冬有没有好纸。徐冬冬从箱子里拿出了两幅芙蓉笺纸，放在了书案上。柳三变磨好了墨，蘸好了笔，拂开一幅笺纸，也不打草稿，笔走龙蛇，写下了《千秋岁》一阕：

泰阶平了，又见三台耀。烽火静，欃枪归。朝堂耆硕辅，樽俎英雄表。福无艾，山河带砺人难老。　渭水当年钓，晚应飞熊兆；同一吕，今偏早。乌纱头未白，笑把金樽倒。人争羡，二十四遍中书考。

写到这里，给宰相吕夷简的词算是写完了。但柳三变余兴未了，一看还剩下一幅笺纸，又拿起笔，写下了一阕《西江月》：

腹内胎生异锦，笔端舌喷长江。纵教疋绢字难偿，不屑与人称量。我不求人富贵，人须求我文章。风流才子占词场，真是白衣卿相。

就在这时，突然有师师的侍儿来请，说是有个美人不远千里而来，要见柳三变。三变匆忙之中，赶紧把写好的词装进了封套里，打发来人赶回去复命。谁知道匆忙之中，竟将两阕词都放了进去。吕夷简宰相拆开了封套，先读了《千秋岁》，倒也欢喜。可是又看到了《西江月》，念到“纵教疋绢字难偿，不屑与人称量”时，吕夷简不由得笑道：“当初裴晋公修福光寺，向皇甫湜求文，皇甫湜每个字要绢三匹的润笔费，柳永这小子是嫌我给的酬劳太少啊！”又念到“我不求人富贵，人须求我文章”，不由得大怒道：“柳永这小子太轻薄了，我哪里是求你了？”从此吕夷简便怀恨在心，柳三变自己却是事不经心，很快便把这件事忘记了。

又过了几天，正好翰林院缺人，吏部举荐了柳三变。仁宗皇帝见他增定了大晟乐府，也很仰慕他的才华，便问宰相吕夷简：“朕想用柳三变为翰林，爱卿认识这个人么?”吕夷简眼珠一转，说道:“这个人虽然在作词方面有才华，但是恃才傲物，完全不把功名放在心上。他做屯田员外郎的时候，日夜流连妓馆，没有做官的体统。如果陛下重用了他，恐怕士子们的风气都会被他带坏的。”接着就把柳三变写的那首《西江月》读了一遍。此时，正好有知谏院的官员得知吕夷简痛恨柳三变，想要奉承吕夷简，连连上奏章弹劾三变。仁宗皇帝便御笔亲批道:“柳永不求富贵，谁将富贵求之?任作白衣卿相，风前月下填词。”下令革去了他的官职。

故事中的柳永自然是风流倜傥的，对于皇帝的罢黜不屑一顾，只说朝中无人，不识大贤，更加放浪不羁，把妓女之处当成了自己的家，在一个小手板上写道“奉旨填词”。每次柳永想要去某个妓女之处，就先把这小手板送过去，那位妓家就会准备菜肴，留柳永过宿。柳永若是填了新词，也要在落款之处写下“奉旨填词”四个字，别人看了，都哈哈大笑。

这个故事出自小说，自然不可信，故事中《千秋岁》是不是柳永所写，只能存疑。至于那首《西江月》，后人为了营造故事转折，伪托柳永所作的痕迹则是更重了。

真实的柳永，此时也并非故事中那般仍为白身睥睨王侯，而是正官运亨通春风得意。

春风里，名宦拘检

陵台令主管祭祀，虽然看似清闲，但此官职威望甚高。仁宗以此官职任命柳永，显然意味着将有大用。

在闲散度日之中，不知不觉，时间已从宝元元年（1038）春季到了庆历元年（1041）的又一个春天，柳永在西京陵台令任上已满三年了。不知道是不是之前柳永投献的吕夷简在朝中说了话，五十五岁的柳永终于得到了梦寐以求的消息。

他被任命为太常博士，在京差遣，终于可以官宦之身回到日思夜想的汴京了！

柳永在京的差遣到底是什么，如今已是无可稽考了。但既然柳永改官的时候颇受仁宗重视，所担任的西京陵台令官职也颇有清望，想来在京的差遣也不会不重要。此时的柳永，终于从宦游之苦中熬出头了，可谓意气风发，不亚于及第之时。

汴京，我回来了！

再次回到汴京城，柳永的内心无疑激动异常，望着熟悉的城郭、熟悉的街道、熟悉的房屋，柳永迫不及待地想去寻访那些旧时相识的歌女，好把那温情的话儿娓娓道来。然而，某个瞬间，柳永却突然意识到，官宦身份对他来说，虽然是生活的保障、不小的荣耀，却也是一个极为苛刻的羁绊。

有宋一代，狎妓之事实属平常，然而对于官员来说，出仕之前和出仕之后的要求却是不一样的。出仕之前，当然可以任意妄为，出仕之后，虽不禁止至妓馆听歌，或是邀妓唱歌佐酒，但在妓处留宿，或是携妓去某处留宿，或是和妓女有书信往来，都是严禁的。由此可见，这些为官的禁令，对于那些狎戏玩弄歌妓的官员来说并无障碍，但对于与歌妓们平等相交，甚至两心相知，以至于想要娶歌妓为妻的柳永来说，就算得上是不小的拘束了。

初回汴京，记忆中的景象历历在目，自己的身份却又有了不同。柳永一度以为只要考中进士，进入了名利场，自己就能飞黄腾达，不再为润笔费所累，可以自由追求所爱，却发现自己只是从一个围城进入了另一个围城，不得不将过去珍视的东西一刀斩断。感叹之下，柳永写下了一首《长相思慢》，可谓是自己的真实写照。

长相思慢

画鼓喧街，兰灯满市，皎月初照严城。清都绛阙夜景，风传银箭，露叆金茎。巷陌纵横。过平康款辔，缓听歌声。凤烛荧荧。那人家、未掩香屏。

向罗绮丛中，认得依稀旧日，雅态轻盈。娇波艳冶，巧笑依然，有意相迎。墙头马上，漫迟留、难写深诚。又岂知、名宦拘检，年来减尽风情。

画鼓：装饰有龙凤图案的鼓。

兰灯：又名兰釭，一种华贵的灯，用兰香炼制的膏作为燃料。

清都绛阙：传说中天帝居住的宫阙。《列子·周穆王》："王实以为清都紫微，钧天广乐，旁之所居。"

银箭：古代漏壶中放置的有刻度的剑。漏壶中的水逐渐减少，就显露出剑上面的刻度。漏壶是古代的计时器。唐李白《乌栖曲》："银箭金壶漏水多，起看秋月坠江波。"

露叆金茎：露叆，露气很盛的样子。金茎，用来支撑仙人承露盘的铜柱。

平康：即平康坊，是长安的妓女聚居之地。新进士常常在其中游玩。唐孙棨《北里志·海论三曲中事》："平康里入北门，东回三曲，即诸妓所居之聚也。妓中有铮铮者，多在南曲、中曲。其循墙一曲，卑屑妓所居，颇为二曲轻斥之。其南曲中曲，门前通十字街，初登馆阁者，多于此窃游焉。”

款：缓。

巧笑：《诗经·卫风·硕人》：“巧笑倩兮，美目盼兮。”

墙头马上：出典自唐白居易《井底引银瓶》：“妾弄青梅凭短墙，君骑白马傍垂杨。墙头马上遥相顾，一见知君即断肠。”

此时的柳永，正骑着高头大马，在那鼓声喧哗之中踏过汴京的街道。放眼望去，坊市之中满是兰灯。皎月初升，月光照向了帝京这座森严皇城。清夜之中，宫阙仿佛仙居，风中传来漏壶水声，承露盘上露气氤氲。柳永骑着马，走过纵横交错的巷陌，经过曾经停伫的妓馆之时，却是拉住了缰绳，听那夜空中的缓缓歌声。那户人家没把屏风掩上，柳永便忍不住，将眼看去。

映入眼帘的，应是一群正在歌舞的歌妓吧？没想到，柳永这一眼，却是看见了一位旧时相识的歌妓。看那歌妓，体态轻盈典雅，顾盼流连之中颇有艳丽风情。在柳永眼中，那位歌妓依然貌如当年：巧笑倩兮，美目盼兮。他心中不由一动，当年两人情意缱绻，此时相见，也必然是两心相知。

只是，柳永刚要相迎，却又迟疑了：我心底的一番真诚，只怕难以表明了，她哪里知道，大官拘检，这些年来，我已是将这风情减尽了……

此时的柳永，怕是满怀心事吧？只是不知他遇到的歌妓是谁？这却是一个谁也解不开的迷了。

虽然“名宦拘检”是柳永的自嘲，但“名宦”这两个字，可不是什么芝麻绿豆大小的官员可以用的。身在汴京，柳永此时大抵还是轻松惬意的。朝中宰执之臣与其相交的甚多，仁宗皇帝又欣赏他的词章，仕途一片光明。公事闲暇之余，柳永自然是如同未中进士时一般寻欢作乐。一首《合欢带》，便是柳永回到汴京之后，再次痛饮美酒，欣赏歌妓的情景。

合 欢 带

身材儿、早是妖娆。算风措、实难描。一个肌肤浑似玉，更都来、占了千娇。妍歌艳舞，莺惭巧舌，柳妒纤腰。自相逢、便觉韩娥价减，飞燕声消。

桃花零落，溪水潺湲，重寻仙径非遥。莫道千金酬一笑，便明珠、万斛须邀。檀郎幸有，凌云词赋，掷果风标。况当年、便好相携，凤楼深处吹箫。

早是：本是，已是。

都来：统统。

韩娥：战国时期韩国一名特别会唱歌的女子。《列子·汤问》："昔韩娥东之齐，匮粮，过雍门，鬻歌假食。既去，而余音绕梁欐，三日不绝；左右以其人弗去。过逆旅，逆旅人辱之，韩娥因曼声哀哭，十里老幼，悲愁垂涕相对，三日不食，遽而追之。娥还，复为曼声长歌。十里老幼，喜跃抃舞，弗能自禁，忘向之悲也，乃厚赂发之。故雍门之人至今善歌哭，放娥之遗声。"

桃花零落，溪水潺湲，重寻仙径非遥：出典自宋高似孙《剡录》："刘晨、阮肇，剡县人。汉明帝永平十五年，采药于天台山，望山头有一桃树，取食之。又流水中有胡麻饭屑，二人相谓曰：'去人不远。'因过水，深四尺，许行一里，又度一山，出大溪，见二女，容颜绝妙，便唤刘、阮姓名，问：'郎何来晚也?'馆服精华，东西帷幔宝络，左右尽青衣，进胡麻饭，山羊脯，设甘酒，歌调作乐。日暮，止宿，住半年。天气和适，长如二三月，鸟鸣悲惨，求归甚切。女唤诸仙女，歌吹送还乡。乡中怪异，验得七代子孙，传闻祖翁入山，不知何在。太康八年，失二公所在。"

柳永眼前的歌妓，却又是一位熟人儿了。数年不见，她身材仍旧同以前一般，妖娆无二，举手投足之间的风情，却是词句描绘不出的。仅仅是这位肌肤浑然如玉的美人儿，便将那人间的千娇百媚统统占了。美人儿轻歌曼舞，歌声婉转令那黄莺儿都要惭愧，腰肢纤美令柳条都要嫉妒。自从再与这位美人相逢，柳永便觉得连那善歌的韩娥都要减了身价，善舞的赵飞燕都要降了声誉呢！

回首昔日欢愉，竟如仙境一般恍惚，幸而今日又可再入仙境，重温旧梦。这位佳人的身价，如今已是高高，别说是千金买一笑，只要出手相邀就得是珍珠万斛。柳永不禁庆幸，自己有着意气凌云的词赋功夫，又有潘安那般的英俊风致，便是如同当年一般，和佳人相携手，往那阁楼中吹箫玩乐去了。

不知这位令柳永神魂颠倒的歌妓又是谁呢？柳永向来最爱虫虫，不知她可是虫虫？又不知柳永，是不是还记得当时要买下宅院，与虫虫相厮守的愿望呢？

然而，时光毕竟无情，多年已过，柳永也不再是当年那个二十多岁、风华正茂的五陵少年了，他离开汴京的日子也已有了七年之久。有时候，柳永苦心寻觅，换来的却是人去楼空、物是人非，如这首《满朝欢》：

满 朝 欢

花隔铜壶，露晞金掌，都门十二清晓。帝里风光烂漫，偏爱春杪。烟轻昼永，引莺啭上林，鱼游灵沼。巷陌乍晴，香尘染惹，垂杨芳草。

因念秦楼彩凤，楚观朝云，往昔曾迷歌笑。别来岁久，偶忆欢盟重到。人面桃花，未知何处，但掩朱扉悄悄。尽日伫立无言，赢得凄凉怀抱。

花隔铜壶：指隔夜之花。铜壶，铜制的漏壶，计时之用。

露晞金掌：出典自《三辅黄图》："汉武帝以铜作承露盘，高二十丈，大十围，上有仙人掌承露。"晞，干。

都门十二：古代京城四面各有三座城门，总计十二座，以十二门象征子丑寅卯等十二个时辰。

杪：指年月或季节的末尾。

上林：即上林苑，原来是秦朝的禁苑，后来以上林指禁苑。

秦楼：秦穆公为其女弄玉所建之楼。刘项《列仙传》记载"箫史者，秦穆公时人也，善吹箫，能致孔雀白鹤于庭。穆公有女字弄玉，好之。公遂以女妻焉，日数弄玉作凤鸣，居数年，吹似凤声，凤凰来止其屋。公为作凤台。夫归止其上，不下数年，一旦皆偕随凤凰飞去。故秦人留作凤女祠于雍，宫中时有箫声而已。"

楚观：即高唐观，战国时楚国台馆名。战国楚宋玉《高唐赋》序："昔者楚襄王与宋玉游于云梦之台，望高唐之观，其上独有云气……王曰：'何谓朝云?'玉曰：'昔者先王尝游高唐，怠而昼寝，梦见一妇人，曰："妾，巫山之女也，为高唐之客，闻君游高唐，愿荐枕席。"

人面桃花，未知何处，但掩朱扉悄悄：出典自唐孟棨《本事诗·情感》：“博陵崔护，姿质甚美，而孤洁寡合。举进士下第。清明日，独游都城南，得居人庄。一亩之宫，而花木丛萃，寂若无人。叩门久之，有女子自门隙窥之，问曰：‘谁耶?’以姓字对，曰：‘寻春独行，酒渴求饮。’女入，以杯水至，开门设床，命坐，独倚小桃斜柯伫立，而意属殊厚，妖姿媚态，绰有余妍。崔以言挑之，不对，目注者久之。崔辞去，送至门，如不胜情而入。崔亦眷盼而归。嗣后，绝不复至。及来岁清明日，忽思之，情不可抑，径往寻之。门墙如故，而已锁扃之。因题诗于左扉曰：‘去年今日此门中，人面桃花相映红。人面只今何处去，桃花依旧笑春风。’”

花开一夜，承露盘中露水已稀，汴京城已是清晨时分。帝都风光烂漫，柳永最爱的便是这春末季节。身在朝廷苑囿之中，只见日头渐长，轻烟缥缈，引得黄莺在苑中婉转而鸣，鱼在池沼中优哉而游。巷陌初晴，染上了些许芳尘，垂杨芳草，一片绿意。

此时的柳永突然想起了那如巫山神女般的美人儿，昔日的柳永曾迷恋她的妙歌巧笑。不知不觉，分别已经数年了，偶然想起欢愉时候的盟誓之语，便又重往那青楼而去。只是柳永虽是满心欢喜而去，佳人却已不知何处去了，只剩下朱门轻掩，寂静无声。柳永无言，驻足而立许久，却只感到心中一股凄凉之意。

却是不知这位柳永寻访而不见的歌女又是谁呢?

回到汴京的柳永，既然是人在官场，自然也写了不少升平之词，如《御街行》一词，就是写庆历元年的大赦的：

御 街 行

燔柴烟断星河曙。宝辇回天步。端门羽卫簇雕阑，六乐舜韶先举。鹤书飞下，鸡竿高耸，恩霈均寰寓。

赤霜袍烂飘香雾。喜色成春煦。九仪三事仰天颜，八彩旋生眉宇。椿龄无尽，萝图有庆，常作乾坤主。

燔柴：古代祭祀仪式之一，把玉帛、牺牲同置于积柴之上，焚之以祭天。

宝辇：金玉装饰之车，指天子车驾。

天步：这里可以理解为天子的步伐。

端门：大殿正门。

六乐：指云门、咸池、大韶、大夏、大濩、大武这六套用于祭祀的乐舞。

舜韶：指舜命夔制的韶乐。

鹤书飞下，鸡竿高耸：鹤书，此处指悬在鸡竿上的赦书。鸡竿，指悬赦书用的高竿，上面有木鸡。

赤霜袍：仙人或皇帝所穿的袍子。

九仪：古代为天子接待不同来朝者而制定的九种礼节。

三事：本意指天、地、人三事，这里指管理天、地、人三事的士大夫，即三公。

八彩：传说尧的眉毛有八种彩色。唐欧阳修《艺文类聚》引曹植《相论》："尧眉八彩，舜目重瞳。"

椿龄：《庄子·逍遥游》："上古有大椿者，以八千岁为春，八千岁为秋。"后以椿喻长寿。

萝图有庆：萝图，指香萝织成的坐席。《淮南子》："（女娲）乘雷车，服应龙，骖青虬，援绝瑞，席萝图，黄云络，前白螭，后奔蛇，浮游逍遥，道鬼神，登九天，朝帝于灵门，宓穆休于太祖之下。"萝图有庆，指普天同庆。

在毛校本《乐章集》和《全宋词》中，此词的标题是《圣寿》，顾名思义，指此词是仁宗皇帝的贺寿之词，但实际上，考察词中意象，柳永写的并非是圣寿，而是庆历元年（1041）十一月的大赦。

词的上阕，写的是祭天已毕，仁宗皇帝返回皇宫的情景：护卫仪仗簇拥着雕栏画栋，六乐之中韶乐最先响起。"鹤书飞下，鸡竿高耸"，描写的则是大赦中的特殊仪式。

到了词的下阕，柳永开始不吝笔墨，为仁宗饰美了。“九仪三事仰天颜”，天地间的事务，都得由皇上做主；“八彩旋生眉宇”，仁宗天生异象，有尧之貌。接下来，柳永又祝愿仁宗万寿无疆，普天同庆，长久掌握乾坤。如此说来，倒也难怪被人误认为是描写“圣寿”的了。

对于宋仁宗，柳永无疑是感激的。在汴京的日子里，柳永曾为仁宗生日写下两首贺寿词，其中一首便是这首《永遇乐·薰风解愠》：

永　遇　乐

薰风解愠，昼景清和，新霁时候。火德流光，萝图荐祉，累庆金枝秀。璿枢绕电，华渚流虹，是日挺生元后。缵唐虞垂拱，千载应期，万灵敷佑。

殊方异域，争贡琛赆，架巘航波奔凑。三殿称觞，九仪就列，韶頀锵金奏。藩侯瞻望彤庭，亲携僚吏，竞歌元首。祝尧龄、北极齐尊，南山共久。

薰风解愠：薰，香气。愠，愁苦。指带着熏香之气的南风可以解开民众的愁苦之情。

清和：俗称四月为清和月。

火德：历代王朝为标榜自己为正统，取代前朝为天命所归，都会说自己代表五行之一，宋朝为火德，故历史上也称“炎宋”。

流光：流溢着光辉。

萝图荐祉：普天降临福泽。

金枝：古代以金枝称呼皇帝或皇族，这里指仁宗皇帝。

璿枢绕电，华渚流虹，是日挺生元后：指仁宗皇帝出生时即有祥瑞之兆。《宋书·符瑞志》：“黄帝轩辕氏，母曰附宝，见大电光绕北斗枢星，照郊野，感而孕”；“帝挚少昊氏，母曰女节，见星如虹，下流华渚，既而梦接意感，生少昊”。元后，古代称天子后或者元后，这里指仁宗。

缵：继承。

琛赆：珍宝。

架巘航波：跋山涉水。巘，山。

韶頀：即大濩，殷商所作六乐之一。

元首：天子，这里指仁宗。

这首词的上阕主在叙事，开头两句点明了时序气候：正是清和月四月光景，南风微醺，解人愁苦的清晨时分。接下来，柳永便不惜笔墨，极尽阿谀奉承之能事了：大宋朝处处流溢着光辉，普天之下广降福泽，为帝王多次庆贺。仁宗皇帝出生时，便如炎黄般天生异象。而仁宗皇帝继位后，也继承了唐尧虞舜垂拱而治的贤德，千秋万代，万灵庇佑。

到了词的下阕，柳永的笔墨便转向了写景，将仁宗皇帝生日时的盛景描写得淋漓尽致：他方异域争相贡献宝物，跋山涉水来此庆贺；大殿宴饮，官员齐齐就列；大濩奏起，铿锵有力；藩王也瞻望朝廷，带着下属，歌颂天子。

在这首《永遇乐·薰风解愠》中，柳永已祝仁宗皇帝“祝尧龄、北极齐尊，南山共久”，在另外一首祝寿词《送征衣·过韶阳》中，柳永又曾“愿巍巍、宝历鸿基，齐天地遥长”。正是在仁宗朝，正是在此时此刻，柳永正端坐大轿，安居豪宅，醒则朝堂论道，寐则美人在怀，享受着人生巅峰的快感，又岂能不希望皇帝安康，期盼仁宗万寿，让此朝朝暮暮成为永久呢？

上文已经提过，仁宗皇帝爱柳永之才，柳永之词亦曾流入宫中，为仁宗皇帝所知晓。如叶梦得《避暑录话》记载“永初为上元词，有‘乐府两籍神仙，梨园四部弦管’之句传禁中，多称之”。农历十五的元宵节，又称为“上元节”，上元词，即描写元宵节的词。这首流传禁中的词，就是柳永在庆历二年（1042）元宵节所作的《倾杯乐》：

倾 杯 乐

禁漏花深，绣工日永，蕙风布暖。变韶景、都门十二、元宵三五，银蟾光满。连云复道凌飞观。耸皇居丽，嘉气瑞烟葱茜。翠华宵幸，是处层城阆苑。

龙凤烛、交光星汉。对咫尺鳌山、开雉扇。会乐府、两籍神仙，梨园四部弦管。向晓色、都人未散。盈万井、山呼鳌抃。顾岁岁，天仗里、常瞻凤辇。

银蟾：指月亮。

连云复道凌飞观：指复道高耸入云，楼观如飞。复道，阁楼之间的空中通道。

葱茜：青翠色。

翠华：天子之旗，因为用翠羽装饰，故名。

层城阆苑：指仙人居所。

两籍神仙：指教坊小儿舞队与女弟子舞队。《宋史》："每上元观灯，楼前设露台，台上奏教坊乐、舞小儿队。台南设灯山，灯山前陈百戏，山棚上用散乐、女弟子舞。"

梨园四部弦管：指宫中的乐队。四部弦管，指宋教坊大曲部、法曲部、龟兹部、鼓笛部。

万井：千家万户。

天仗：天子仪仗。

凤辇：天子所乘之车。

词的上阕，柳永的笔下是景色："禁漏"句写宫中春景，天气转暖；"变韶景"句写元宵佳节，月圆光满；"连云"句写皇宫壮丽；"翠华"句写皇帝观灯，整个情境，恍如仙境。

词的下阕，柳永的笔墨转向了人文：元宵佳节，有龙凤烛、鳌山灯火辉煌；有丝竹管弦以祝雅兴；有千家万户山呼万岁。此情此景，让柳永忍不住畅想：愿年年见到天子仪仗，见到天子英姿！

无疑，《倾杯乐》一词得到了仁宗的赏识，柳永也沾沾自喜起来，从此笔下便愈加勤快。"顾岁岁，天仗里、常瞻凤辇"，这是柳永的祝福，也是柳永希望自己仕途顺利的愿望。可是，谁知道世事无常，柳永很快便因为他的自负付出沉重的代价了。

第四章，晚岁光阴能几许

重回汴京，位高权重，柳永此时不可不谓春风得意。然而，一首《醉蓬莱》却让柳永把马屁拍到了马蹄上，从此踏上了东奔西走的风尘仕履。年逾古稀，再回汴京，历经了世事沉浮，柳永这才若有所悟。千年之后，他曾执著的官宦生涯早已湮没无闻。世人记住的，只是那个缱绻青楼、弄情风月的柳七——“这巧宦、不须多取”。

因词获罪，被贬出京

庆历二年（1042）的秋天，天空出现了一个罕见的星象：有“老人星”在夜空中出现。

老人星，是南半球船底座最明亮的一颗星，我国北部看不见这颗星星，只有南方可以在地平线附近看到。老人星为青白色，亮度仅次于天狼星。在中国的神话传说中，这颗老人星即长寿之神，是“福”、“禄”、“寿”三星之一的“寿”星，也就是民间流传相当广泛的那个慈眉善目的突额老者。

寿星出现，自然是一个吉兆。仁宗皇帝听说了，也非常高兴。一位皇帝近臣、入内都知史某也听说了这件事，他素来和柳永相识，赏识柳永的才华，也因为柳永中进士较晚而感到可惜，便想趁着这个机会让柳永讨好仁宗。恰巧这时，教坊新制了一首曲子《醉蓬莱》，于是他便让柳永写了一首应景之作，自己拿去进献给仁宗皇帝。

“入内都知”为内官之名，这位史姓官员能接近皇帝。此次献词，自然也是柳永的绝好机会，柳永自然不能错过，当即笔走龙蛇，写下一首《醉蓬莱》。

醉 蓬 莱

渐亭皋叶下，陇首云飞，素秋新霁。华阙中天，锁葱葱佳气。嫩菊黄深，拒霜红浅，近宝阶香砌。玉宇无尘，金茎有露，碧天如水。

正值升平，万几多暇，夜色澄鲜，漏声迢递。南极星中，有老人呈瑞。此际宸游，凤辇何处，度管弦清脆。太液波翻，披香帘卷，月明风细。

渐亭皋叶下，陇首云飞：化用南朝梁柳恽诗。《南史·柳恽传》："（柳恽）少工篇什，为诗云：'亭皋木叶下，陇首秋云飞。'琅邪王融见而嗟赏，因书斋壁及所执白团扇。"皋，泽。陇首，山巅。

素秋：古代有五行之说，秋属金，色白，故称素秋。

华阙中天：化用《文选·班固·〈西都赋〉》："树中天之华阙，丰冠山之朱堂。"李善注："列子曰：'周穆王筑台，号曰中天之台。'"

拒霜：芙蓉的别名。

金茎：仙人承露盘的铜柱。

万几：即万机，指皇帝日理万机。

澄鲜：清新。

宸游：帝王巡游。宸，宫殿，引申为帝王、王位。

凤辇：仙人车驾，后也指皇帝车驾。晋王嘉《拾遗记·周穆王》："西王母乘翠凤之辇而来。"

太液：太液池，汉禁苑池，在陕西省长安县西。此处泛指京都汴梁的禁苑池沼。

此时正是秋季，柳永描写的，正是深宫禁苑中的美景：站在亭皋之上，看木叶缓落，山云飞起，如此清新美好的秋天，便被那华美的楼台锁住了郁郁葱葱的草木佳气。柳永笔下，菊花深黄，芙蓉浅红，一股沁人心脾的清香染遍了那楼台玉阶。玉楼洁净无尘，铜柱清凉有露，碧水天色，何其清美。

到了此词下阕，柳永便将笔端引向了帝王，引向了宋仁宗。此时正是太平盛世，陛下虽然日理万机，却也颇多闲暇，何不趁着清新夜色，去宫中庭院玩赏一番？此时有老人星呈现祥瑞，若是皇帝御驾游赏，必是管弦清脆，池水翻波，卷起香帘，便见那月明风细的美景了吧。

这首词历来的评价都不算高。宋人魏庆之在《魏庆之词话》中说道："余谓柳作此词，借使不忤旨，亦无佳处，如'嫩菊黄深，拒霜红浅'，竹篱茅舍间，何处无此景物。方之李谪仙、夏英公等应制词，殆不啻天冠地履也。”如此评论，仔细看来倒也算不得错。柳永作这首词，也只是作进献之用，并没有太高的艺术造诣。

按常理来说，这首《醉蓬莱》只是应景之作，并无不妥，然而仁宗皇帝在翻阅之时，看到了词中“渐”字，脸上却是露出不快之色；等到看到“宸游，凤辇何处”的时候，脸色已然惨然；再看到“太液波翻”之句时，龙颜大怒，竟然把这首词扔在了地上，说道：“为什么不说‘波澄’！”

柳永一首《醉蓬莱》，何以惹得仁宗不悦？宋人王辟之《渑水燕谈录》中，有着如下记载：

柳三变，……少有才俊，尤精乐章。后以疾，更名永，字耆卿。皇佑中，久困选调，入内都知史某爱其才而怜其潦倒。会教坊进新曲《醉蓬莱》，时司天台奏老人星见，史乘仁宗之悦，以耆卿应制。耆卿方冀进用，欣然走笔，甚自得意，调名《醉蓬莱慢》。比进呈，上见首有“渐”字，色若不悦。读至“宸游，凤辇何处”，乃与御制真宗挽词暗合，上惨然。又读至“太液波翻”，曰：“何不言波澄？”乃掷之于地。永自此不复进用。

根据《渑水燕谈录》所言，柳永的《醉蓬莱》与仁宗御制的真宗挽词暗合，这才惹得仁宗不快。根据《宋会要》记载，乾兴元年（1022）真宗崩，仁宗曾令宰相丁渭代笔，作真宗挽词：

望长陵而惨惨。登皋陌以迟迟。铭旌露泣。卤簿风悲。俨时巡之仙仗。护川逝之宸仪。呜呼哀哉。攀鼎龙兮靡皇。瞻幄凤兮何有。霜封窆綍。尘飘翣柳。云苍梧兮不还。日蒙谷兮难就。哭象物以凄魂。拜鸟耘而回首。惟盛德与大功。同天长而地久。呜呼哀哉。

现在，再来看柳永的这首《醉蓬莱》：“渐”字并不可以乱用，皇帝病重，叫作“大渐”，柳永如此胡言乱语，难怪皇帝心中不快；“宸游，凤辇何处”之句，和真宗挽词中的“瞻幄凤兮何有”之意几乎如出一辙，这俨然是犯了真宗的忌讳；至于“翻”字，容易附会上车驾倾翻之意，亦是皇家的禁忌之一，也难怪真宗皇帝看了这首词要龙颜大怒，掷词于地了。

对于此事，宋人杨湜在《古今词话》中有所评论：“耆卿作此词，惟务钩摘好语，却不曾参考出处。仁宗皇帝觉而恶之。”所评恰如其分。柳永作这首进献之词，可能也只是出于在秦楼楚馆之中，寻那好词好句的喜好，却忘记了自己已然是身在庙堂，一举一动都受着朝政制约了。他还得感谢生活在善待文士的宋朝，若是在文字狱大行其道的清朝，柳永还指不定受到什么样的待遇呢！

闹了这样一出，柳永自然也吃不到什么好果子。

庆历三年（1043），新年刚过不久，尚在正月之中，仁宗皇帝一纸敕令，便把柳永贬离京城，到了苏州。

从明道二年（1033）到庆历元年（1041），经过一系列的辗转迁徙，外任了整整七年，柳永好不容易回到了阔别已久的京城。然而两年时光匆匆而过，转瞬之间自己又要离开，再次踏上宦游之旅，柳永的内心不可不谓百感交集。

此次远行是福是祸？何时又能再回汴京？柳永的心中，没有任何主意，只能随波逐流，心中已成乱麻。那熟悉的大街小巷还未走遍，熟悉的青楼妓馆尚未坐热，刚刚结识的歌妓尚未来得及亲昵，自己却又要远离这座不夜城了。

柳永在汴京的最后一夜，便是在一位新结识的歌妓处度过的。

殢人娇

当日相逢，便有怜才深意。歌筵罢、偶同鸳被。别来光景，看看经岁。昨夜里、方把旧欢重继。

晓月将沈，征骖已鞴。愁肠乱、又还分袂。良辰好景，恨浮名牵系。无分得、与你恣情浓睡。

征骖已鞴：这里指已准备好车马，将要远行。征骖，远行的车马。鞴，指把鞍辔等套到马上。

分袂：离别。

这首词中的歌妓一定是容貌出众、风姿绰约的，否则，又哪里能让柳永一眼看上，心生爱怜呢？歌曲罢了，宴席散了，便又是一番蜜意浓情。可不知是因为公务繁忙，还是“名宦拘检”，柳永又是一去不返，不知不觉，两人分开已经一年。

现在，温香满室，二人再续前缘，柳永却要走了。

夜色已阑，前往远方的车驾也已准备完毕，只留给两人最后缱绻的片刻，转瞬间就是两地长久的分离。此时的柳永，深深感受到了身在庙堂的无奈，只能被那名枷利锁束缚着、牵引着，身不由己。

柳永与歌妓

被贬出京，柳永心中满是惆怅，前路走得越久，离汴京便是越远。柳永不禁长叹一声，挥笔写下一首《凤归云》：

凤 归 云

恋帝里，金谷园林，平康巷陌，触处繁华，连日疏狂，未尝轻负、寸心双眼。况佳人、尽天外行云，掌上飞燕。向玳筵、一一皆妙选。长是因酒沈迷，被花萦绊。

更可惜、淑景亭台，暑天枕簟。霜月夜凉，雪霰朝飞，一岁风光，尽堪随分、俊游清宴。算浮生事、瞬息光阴，锱铢名宦。正欢笑，试恁暂时分散。却是恨雨愁云，地遥天远。

金谷：谷名，在河南洛阳东北。《晋书·石崇传》：“崇有别馆在河阳之金谷，一名梓泽，送者倾都，帐饮于此焉。”这里指汴京的名园。

平康：即平康坊，是长安的妓女聚居之地。

天外行云：指仙女。宋玉《高唐赋》：“旦为朝云，暮为行云。”

向玳筵、一一皆妙选：这里指官妓佐酒，歌妓个个貌美，皆一时之选。

行旅路上，柳永怀念的是繁华的汴京城，怀念的是流连名园、纵情柳巷的欢快日子。在重回汴京的两年时光里，他也未曾轻负美妓的芳心。在官员之间的觥筹交错中，柳永的目光始终流连在仙女一般的官妓身上，常常被酒迷了双目，被花丛羁绊了心儿。

“可惜啊……”

柳永此刻必定是一声长叹，汴京城中的暑天淑景，霜夜风光，现在只能在记忆中玩赏了，名宦间的欢笑歌筵，现在只能作分散计了。

心中恨雨愁云，一去地遥天远。

此次离开京城，柳永的仕途便一蹶不振、江河日下了。

繁华地、归程阻

庆历三年（1043）春，柳永离开了汴京，前往苏州。在苏州任上，柳永曾作《木兰花慢》词，赠苏州太守吕溱。

木兰花慢

古繁华茂苑，是当日、帝王州。咏人物鲜明，风土细腻，曾美诗流。寻幽。近香径处，聚莲娃钓叟簇汀洲。晴景吴波练静，万家绿水朱楼。

凝旒。乃睠东南，思共理、命贤侯。继梦得文章，乐天惠爱，布政优优。鳌头。况虚位久，遇名都胜景阻淹留。赢得兰堂酝酒，画船携妓欢游。

茂苑：又名长洲苑，故址在今江苏吴县西南，后来也作为苏州的代称。晋左思《吴都赋》："造姑苏之高台，临四远而特建。带朝夕之浚池，佩长洲之茂苑。"

人物鲜明：人物精明出色。

风土细腻：指地理环境、自然景观细密精细。

曾美诗流：曾令诗人们写出过不少好诗。诗流，诗家流，诗人。

香径：即采香径。《太平寰宇记》："香山，《吴地记》云：'吴王遣美人采香于此，山以为名，故有采香径。'"

凝旒：指帝王凝神沉思。

睠：同"眷"。

梦得：唐代诗人刘禹锡，字梦得，曾任苏州刺史。

乐天：唐代诗人白居易，字乐天，曾任苏州刺史。

鳌头：指状元。

写这首词时，柳永应是正和太守吕溱泛舟湖上吧？曾经在苏州为官，此刻虽是贬谪，但也算是故地重游，柳永的心中倒也存在着一丝熟悉的温情。

苏州自古繁华，曾为帝王所居，无数文人墨客留下壮美诗篇，咏英雄人物，颂秀美风土。柳永的眼前，是采莲女、钓鱼翁齐聚的热闹湖面，天朗气清，湖水澄净，绿波荡漾，倒映着无数红楼，幽静美极。

到了词的下阕，柳永便笔锋一转，称赞起太守吕溱来了：江南之地自古多才子，帝王也要凝神沉思，将那江东才俊调往京城担任要职。如刘禹锡、白居易，不仅以文章著称，还颇有政绩。像您这样的状元郎，朝廷早就虚位以待了，若不是您流连这名都的美景，耽误了行程，我柳永哪有机会和您在堂上把酒言欢，歌妓助兴，共游画船呢？

吕溱是景祐五年的状元，柳永写此词时，吕溱尚不足三十六岁，而柳永已经是五十七岁的老人了。按照宋代官制，大州通判为正七品，中小州通判为从七品，柳永之前担任的陵台令是从六品，已经高出了大州通判的资质。柳永去苏州之前，已官至太常博士，太常博士官为从六品，和大州知州相比，也是相差无几。此次前去苏州，虽然不知道柳永的具体差遣，但官职却是在吕溱之下的。

相较而言，一个是年轻有为，一个却是年老失意，不禁令人唏嘘。

同年秋天，柳永在苏州仅仅半年时间，又是一纸敕令，柳永又被调往成都。任期较急，因此，柳永不得不背上行囊，返回汴京，由陆路取道陕西前往成都。

这里需要说明的是，柳永在新婚妻子逝世后，并非如同戏曲小说中所言把歌妓当成了妻子，风流成性，而是再娶过的，还留有一子柳涚。只不过，柳永再婚的时间是在何时，再婚的对象为何人，都已经不得而知了。甚至柳永再婚这一事实本身，也在漫长的历史中逐渐被人遗忘。不过，柳永的这位夫人显然并未如新婚妻子那般，对柳永的风流行为多加阻止，这却是不知该让人如何褒贬了……

按照宋制，前往成都是不能携带家眷的，柳永此次不但任期急切，需要快马加鞭，还不得不告别刚刚来到苏州的妻子。一番离别之情在《采莲令》中可见一二：

采 莲 令

月华收，云淡霜天曙。西征客、此时情苦。翠娥执手送临岐，轧轧开朱户。千娇面、盈盈伫立，无言有泪，断肠争忍回顾。

一叶兰舟，便恁急桨凌波去。贪行色、岂知离绪。万般方寸，但饮恨，脉脉同谁语。更回首、重城不见，寒江天外，隐隐两三烟树。

临岐：面临歧路，指离别之时。

重城：古代城市有内城和外城，故称重城。

词中的柳永又是在清晨时分远行的。月华收敛，云淡天曙，柳永心中满是苦涩。妻子拉着他的手，缓缓打开了房门，佳人盈盈而立，无言有泪，让人不忍回顾。

乘着一叶兰舟，柳永破浪起航了，思绪万端，这般遗憾痛惜之情，又能向谁说？

苏州城，就在这兰舟疾驰之下，渐渐消失不见了。

因为是从陆路经由陕西入成都的，路途之上，柳永自然经过了古都长安。入陕之后，柳词中记录词人行踪

柳永诗歌意境雕塑

的颇多，但充满凄凉别苦之意。如经潼关时，作《少年游·长安古道马迟迟》，叹“归云一去无踪迹，何处是前期”；经长安时，作《少年游·参差烟树灞陵桥》，更悲“夕阳咸淡秋光老，离思满衡皋”；经关陇时，柳永作《曲玉管·陇首飞云》，已是思绪万千——“每登山临水，惹起平生心事，一场消黯，永日无言，却下层楼”。

柳永的心中，缱绻着的仍然是那个歌舞升平、繁华的汴京，不愿外任；旅途劳顿，妻子又不在身边，一人风尘仆仆而行，确是孤苦。大约是这样的情绪酝酿得久了，柳永胸中块垒早已郁积成堵，在行役途中，柳永挥笔写下了《戚氏》这首260字的长词，将那深秋凄景与离别之殇，淋漓尽致地铺满纸上。

戚　氏

晚秋天。一霎微雨洒庭轩。槛菊萧疏，井梧零乱惹残烟。凄然。望乡关，飞云黯淡夕阳间。当时宋玉悲感，向此临水与登山。远道迢递，行人凄楚，倦听陇水潺湲。正蝉吟败叶，蛩响衰草，相应喧喧。

孤馆度日如年。风露渐变，悄悄至更阑。长天净。绛河清浅，皓月婵娟。思绵绵。夜永对景，那堪屈指，暗想从前。未名未禄，绮陌红楼，往往经岁迁延。

帝里风光好，当年少日，暮宴朝欢。况有狂朋怪侣，遇当歌，对酒竞留连。别来迅景如梭，旧游似梦，烟水程何限。念利名、憔悴长萦绊。追往事、空惨愁颜。漏箭移、稍觉轻寒。渐呜咽、画角数声残。对闲窗畔，停灯向晓，抱影无眠。

庭轩：庭院中的长廊。

井梧零乱惹残烟：指雨水落在落叶上，溅起水雾。井梧，井边的梧桐树。

当时宋玉悲感：宋玉《九辩》："悲哉！秋之为气也。萧瑟兮，草木摇落而变衰。"后人常以宋玉悲秋为典。

陇水：水名，源出陇山，故名。

绛河：指天河。古代观天象以北极为标准，天河在北极以南，南方属火，尚赤，这里借南方之色，所以称"绛河"。

婵娟：美好貌。唐孟郊《婵娟篇》："花婵娟，泛春泉；竹婵娟，笼晓烟；妓婵娟，不长妍；月婵娟，真可怜。"

狂朋怪侣：指狂放肆意、不拘礼节的朋友。

画角：古代军乐器，上小下大，用竹木、皮或铜做成，外面用彩绘装饰，所以叫画角。声音哀厉高亢，听了令人兴奋，所以军中用来警昏晓。

这首词一气呵成，尽情舒展，铺叙中层次分明，章法一丝不乱。词的上阕写景：柳永正在庭院中踱步而行，微雨之中，庭廊湿润，菊花萧瑟稀疏，雨水打在井边梧桐落叶之上，溅起水雾阵阵，词人的观察细致入微；此时古人宋玉之悲，柳永也能感同身受了，遥望乡关，故乡不见，只见夕阳沉下，飞云黯淡，羁旅宦情实在难堪；蝉吟败叶，蛩响衰草，是景语更是情语，客子之情在这细微之声里更显稠重。

词的中阕是写词人现状的：柳永孤身一人寄居驿馆，风露随时而变，不知不觉中夜色已阑。遥望空中，长天洁净，星河清浅，一轮皓月当空。美丽的夜景反衬的是词人的凄凉：只能对月色婵娟，思恋绵绵，曾经的自己没有官职没有俸禄，却可以在那绮陌红楼纵情流连，此时却只能是独在异乡为异客，孤独至极了。

词的下阕，是追忆曾经“帝里疏狂”的生活：当时年少，朝暮欢宴，招上几个一同吃喝玩乐的朋友，对酒当歌，何其欢愉。只可惜过往生活如同梦幻般消失了，被名利枷锁牵绊的柳永，只能在追忆中寻找幸福。回忆完往事，柳永又不得不面对现实，只能在画角的残声里，对着窗户，抱影无眠。

这首词是柳词中的名篇，多为人所称道。宋人王灼在《碧鸡漫志》中对于柳词并无好评，但对于此《戚氏》仍然录入了时人的高评价：

前辈云："《离骚》寂寞千年后，《戚氏》凄凉一曲终。"《戚氏》柳所作也。柳何敢知世间有《离骚》？惟贺方回、周美成时时得知。

《碧鸡漫志》所谓的"前辈"究竟是何人，如今已经不得而知，但此人竟将《戚氏》比作《离骚》，可谓推崇备至了。

大约在此年秋冬之际，柳永终于到达成都就任。次年春，身在成都的柳永曾作《一寸金》，赠当时的益州太守蒋堂：

一寸金

井络天开，剑岭云横控西夏。地胜异、锦里风流，蚕市繁华，簇簇歌台舞榭。雅俗多游赏，轻裘俊、靓妆艳冶。当春昼，摸石池边，浣花溪畔景如画。

梦应三刀，桥名万里，中和政多暇。仗汉节、揽辔澄清。高掩武侯勋业，文翁风化。台鼎须贤久，方镇静、又思命驾。空遗爱，西蜀山川，异日成嘉话。

井络：井宿分野之处，指岷山。井，星名，即井宿，二十八星宿之一。

剑岭：指剑阁县北的大小剑山。

锦里：地名，在成都南。后人以锦里指成都，又称为锦官城。

摸石：宋代成都一带的求子风俗。明陈耀文《天中记》：“成都三月有海云山摸石之游，山有小池，游人竞来摸瓦石于池中，以为求子之兆，得石者为男，得瓦者为女。太守设宴于春阁以观之。”

梦应三刀：《晋书·王浚传》：“浚夜梦悬三刀于卧室梁上，须臾又益一刀，浚惊觉，意甚恶之。主簿李毅再拜贺曰：‘三刀为州字，又益一者，明府其临益州乎?’……果迁浚为益州刺史。”后人以“悬刀梦”为升为州官的征兆。

桥名万里：即万里桥，在成都市南，跨锦江上。唐李吉甫《元和郡县图志》载：“蜀使费祎聘吴，诸葛亮祖（饯行）之。祎叹曰：‘万里之路始于此桥！’因以为名。”

揽辔澄清：化用《后汉书·范滂传》：“滂登车揽辔，慨然有澄清天下之志。”

文翁：《汉书·文翁传》：“文翁，庐江舒人也。少好学，通《春秋》，以郡县吏察举。景帝末，为蜀郡守，仁爱好教化。”

台鼎：宰辅之称。

遗爱：指当地人民颂扬离去的地方官。《史记·燕召公世家》：“召公之治西方，甚得兆民和。召公巡行乡邑，有棠树，决狱政事其下，自侯伯至庶人各得其所，无失职者。召公卒，而民人思召公之政，怀棠树不敢伐，哥咏之，作甘棠之诗。”

身在蜀地，柳永笔下自然也是蜀国风情了。剑阁峥嵘，横控西夏，蜀地地理雄奇壮丽，气势不凡。柳永词中，有蚕市的热闹繁华，有贵族平民共同游赏的风情，有春昼摸石的有趣风俗，大笔淋漓，勾勒出了一幅民俗风情画。

词的下阕，柳永的笔墨便转向益州太守蒋堂了。此时海内升平，在柳永眼中，蒋堂有澄清天下之志，足以与武侯、文翁相提并论，日后必将为宰执之臣。等蒋堂飞黄腾达之后，蜀地人民只能想念这位仁爱官宦，在西蜀之地流传蒋公嘉话了。

值得一提的是，柳永虽然也写词投献，但他的投献词和青楼词一样，颇有耿直之性。柳永的青楼词，写的是别人不敢写的，往往缱绻于床笫之欢；他的投献词则不会过于浮夸，词中主人公往往当得起词中所述，这位益州太守蒋堂也是如此。宋时益州为边远地区，素来难于治理，凡是知益州的，归朝后往往担任要职。至于人品方面，《宋史·蒋堂传》记载：“堂为人清修纯饬，遇事毅然不屈，贫而乐施。好学，工文辞，延誉晚进，至老不倦，尤嗜作诗，有《吴门集》二十卷。”柳永的词作虽有溢美的嫌疑，但大体上还是合理的，并非是为了投献送了顶高帽子。

宋代，官员有远一任近一任的制度，在成都任职之后，柳永本应内调，但天不遂人愿，庆历四年（1044）的秋天，朝廷又派遣柳永前往湖南为官。

前往湖南，柳永要坐船经长江东行，路上要经过巫峡，而巫峡不远处即是秭归，秭归旧时有宋玉旧宅。宋人陆游《入蜀记》记载：“宋玉宅在秭归县之东，今为酒家，旧有石刻‘宋玉宅’三字，近以郡人避太守家讳，去之，或遂由此失传，可惜也。”柳永词中往往以宋玉自比，多于词中可见，来往的歌妓们可能也因为柳永面容英俊，将他比作宋玉。经过宋玉旧宅，柳永不禁有感而发，写下一首《雪梅香》。

雪梅香

景萧索，危楼独立面晴空。动悲秋情绪，当时宋玉应同。渔市孤烟袅寒碧，水村残叶舞愁红。楚天阔，浪浸斜阳，千里溶溶。

临风。想佳丽，别后愁颜，镇敛眉峰。可惜当年，顿乖雨迹云踪。雅态妍姿正欢洽，落花流水忽西东。无缪恨、相思意，尽分付征鸿。

此时的柳永，应是趁着行役的间隙登上高楼凭栏眺望吧？深秋之季，入目景色一片萧索，独自面对晴空，柳永不禁动了悲秋之情。想来，数百年前，古人宋玉也曾在此，感受也与此相同。极目远眺，碧水之中有渔市青烟袅袅，水村旁边，高木落叶舞红。开阔的水天之间，斜阳烂漫，光照千里，江水溶溶。

清风迎面而来，柳永思绪万千，想的是佳丽离别后的愁容，一定是眉头紧蹙。回忆起年少时光，可惜踪迹全无，无尽的悔恨之意，无尽的相思之情，只能吩咐那南飞的鸿雁寄托一二了。

清人邓廷桢在《双砚斋词话》中曾评论此词：

柳耆卿以词名景祐皇祐间。《乐章集》中，冶游之作居其半，率皆轻浮猥媟，取誉筝琶。如当时人所讥，有教坊丁大使意。惟《雨霖铃》之“今宵酒醒何处，杨柳岸晓风残月”，《雪梅香》之“渔市孤烟袅寒碧”，差近风雅。《八声甘州》之“渐霜风凄紧，关河冷落，残照当楼”，乃不减唐人语。远岸收残雨一阕，亦通体清旷，涤尽铅华。昔东坡读孟郊诗作诗云：“寒灯照昏花，佳处时一遭。孤芳擢荒秽，苦语余诗骚。”吾于屯田词亦云。

又有《倾杯》，是柳永行役词之中的名篇：

倾　　杯

鹜落霜洲，雁横烟渚，分明画出秋色。暮雨乍歇。小楫夜泊，宿苇村山驿。何人月下临风处，起一声羌笛。离愁万绪，闻岸草、切切蛩吟如织。

为忆，芳容别后，水遥山远，何计凭鳞翼。想绣阁深沈，争知憔悴损，天涯行客。楚峡云归，高阳人散，寂寞狂踪迹。望京国。空目断、远峰凝碧。

山驿：结合此意，这里是山边水驿。

鳞翼：鱼雁。古人有鱼雁传书之说。

楚峡云归：用宋玉《高唐赋》典，指不见歌妓佳人。

高阳人散：指酒徒散去。《史记·郦生陆贾列传》：“初，沛公引兵过陈留，郦生踵军门上谒……郦生瞋目案剑叱使者曰：‘走！复入言沛公，吾高阳酒徒也，非儒人也。’”

这首词历来为词家称颂，首三句写秋景，以“鹜落”、“雁横”寥寥数笔画出了秋色。此时暮雨初歇，柳永乘小舟而来，寄宿在山边水驿之中。“何人”两句，写临风月下闻笛声，柳永由此得知原来还有人如同自己一般寂寞，听见岸边虫鸣，却是思绪万端，更添悲凉。

词的下阕，柳永想念佳人。山遥水远，书信不通，恐怕那绣阁中的佳人，也在担心天涯的旅行客，怕他过于憔悴吧？只可惜旧游如梦，已无迹可寻，既不见神女般的佳人，也不见当日痛饮的狂徒了。全词以写景结尾，写的却是柳永的一个动作——回望汴京，只见山峰不见京，便把那无尽的惆怅描摹殆尽了。

清人蔡嵩云在《柯亭词论》中曾评论此词道：

柳词胜处，在气骨，不在字面。其写景处，远胜其抒情处。而章法大开大阖，为后起清真、梦窗诸家所取法，信为创调名家。如《玉蝴蝶》“望处雨收云断”、《夜半乐》“冻云黯淡天气”、《安公子》“远岸收残雨”、《倾杯乐》“木落霜洲”、《卜算子慢》“江枫渐老”、《甘州》“对潇潇暮雨洒江天”诸阕，写羁旅行役中秋景，均穷极工巧。

在湖南任上的柳永已不再如以往那般积极入世了，在道州的日子里，他的笔下更多的是怀念家人，怀念汴京。《轮台子·雾敛澄江》中，柳永暗叹“从别后经今，花开柳拆伤魂魄”。《迷神引·一叶扁舟轻帆卷》中，又是空恨“佳人无消息，断云远”。此时的柳永已经年近六旬了，所关心的已不是功名利禄，所牵挂的也不再是高官显宦，可惜，帝京却被万山遮挡，只能望眼欲穿了。

按照宋代的官制，柳永在庆历四年（1044）可转至后行员外郎，即屯田员外郎（正七品），后人以为柳永终于此官职，因此称他为“柳屯田”。此后，柳永的寄禄官当在此之上，至于其后官职如何，终于何官，却是无可稽考了。

庆历六年（1046），柳永又移官陕西华州。到达长安之时，正是冬季，曾见长安春色，此时又见长安冬景，柳永兴之所至，一首《望远行》跃然纸上：

望 远 行

长空降瑞，寒风翦，淅淅瑶花初下。乱飘僧舍，密洒歌楼，迤逦渐迷鸳瓦。好是渔人，披得一蓑归去，江上晚来堪画。满长安，高却旗亭酒价。

幽雅。乘兴最宜访戴，泛小棹、越溪潇洒。皓鹤夺鲜，白鹇失素，千里广铺寒野。须信幽兰歌断，彤云收尽，别有瑶台琼榭。放一轮明月，交光清夜。

翦：切割之意，形容风烈。

瑶花：即瑶华，美玉之意，这里指雪花。唐张九龄《立春日晨起封雪》："忽对林庭雪，瑶华处处开。"

乱飘僧舍，密洒歌楼：化用唐郑谷《雪中偶题》："乱飘僧舍茶烟湿，密洒歌楼酒力微。江上晚来堪画处，渔人披得一蓑归。"

鸳瓦：鸳鸯瓦，一俯一仰，形同鸳鸯依偎交合，故称鸳鸯瓦。唐白居易《长恨歌》："鸳鸯瓦冷霜华重，翡翠衾寒谁与共。"

旗亭：酒楼。酒楼上常常悬挂旗帜，招徕顾客，故名。

乘兴最宜访戴，泛小棹、越溪潇洒：南朝宋刘义庆《世说新语》："王子猷居山阴。夜大雪，眠觉，开室命酌酒，四望皎然。因起彷徨，咏左思《招隐》诗，忽忆戴安道。时戴在剡，即便夜乘小船就之。经宿方至，造门不前而返。人问其故，王曰：'吾本乘兴而行，兴尽而返，何必见戴。'"。越溪，指剡溪，为戴逵所居之地。戴逵即戴安道，为东晋名士。

皓鹤夺鲜，白鹇失素：化用南朝宋谢惠连《雪赋》："庭鹤夺鲜，白鹇失素。"

幽兰：古琴曲名。战国楚宋玉《讽赋》："中有鸣琴焉，臣援而鼓之，为《幽兰》、《白雪》之曲。"

彤云：雪前密布的浓云。唐宋之问《奉和春日玩雪应制》："北阙彤云掩曙霞，东风吹雪舞山家。"

瑶台琼榭：化用南朝宋谢惠连《雪赋》："庭列瑶阶，林挺琼树。"

此时正是寒风阵阵，大雪纷飞的时刻。这首词前三句泛写雪景，其后化用郑谷诗句，写那雪花的“乱飘”、“密洒”之态，雪景迤逦，与那鸳鸯瓦融为一体。柳永寥寥数笔，将雪景描摹得淋漓尽致。接下去的“好是渔人，披得一蓑归去，江上晚来堪画”并非是实写江景，而是顺着诗中意境而为之。诗人真正所在的地点还是长安城里，雪天寒冷，酒家中的暖心酒都因此而抬价了呢！

如此壮阔美景之下，柳永似乎忘记了身在宦旅的不快，他的心境是幽雅的，此时他也想如王徽之一般，乘着小舟拜访友人。接着，词人又用谢惠连诗句，喻白雪素洁，千里郊野白茫茫的一片。“须信”三句，又用上了古典，展开了想象：等那风停雪歇之时，必是一轮明月当空，雪月交光，别有一番风味。

柳永的这首词清雅不俗，颇有意境，只可惜因袭前人之处太多，历来为评论家们所诟病。不过，词中意旨倒是脱出了宦游思乡的范畴，想必柳永的心境，在屡次的颠簸之中也有了变化吧。

对于柳永在华州的经历，宋人罗烨的《醉翁谈录》曾有记载：

柳耆卿宰华阴日，有不羁子挟仆从游妓，张大声势。妓意其豪家，纵其饮食。仅旬日后，携妓首饰走。妓不平，讼于柳，乞判执照状捕之。

歌妓盼着恩客的钱财原本也是正常的事情，可这位歌妓却是有些倒霉，遇上了一个假意张大声势，其实却是招摇撞骗的混子，不仅没有讨到钱财，还被顺走了自己的首饰。幸好，她遇到的是与歌妓们关系非凡的柳永，柳永自然是秉公执法，“照状捕之”。

成都和道州都属于边远之地，按照宋制不允许携带家眷，华州则无此禁令。然而，庆历七年（1047）暮春时节，柳永刚刚到达华州半年，还没来得及迎取家眷，就又被派遣到苏州。一切尚未安顿妥帖，又马上要收拾细软踏上行程，宦旅艰苦至此，当真是苦不堪言。而柳永与妻子分离又颇有时日了，路途之中，他自然是十分思念家乡，想念妻子的，《定风波·伫立长堤》描写漂泊无定的生活，心有凄然——“念荡子、终日驱驱，争觉乡关转迢递”；又有《临江仙引·上国》，抒发孤枕难眠的清寒之意——“今宵怎向漏永，顿成两处孤眠”。

庆历三年（1043）到庆历七年（1047），短短四年时间，从苏州到成都，从成都到湖南，从湖南到陕西，再回到苏州，柳永的仕途不可谓不颠簸。年近五十而登第，此时的柳永已经是六十花甲之龄了。回首过往，痛定思痛，因为一首词而得罪皇帝招致如此祸患，柳永不禁哑然，后悔不已，可惜只是徒然感慨罢了。旅途之中，一首《洞仙歌》写尽了柳永心中的无奈和委屈。

洞　仙　歌

乘兴，闲泛兰舟，渺渺烟波东去。淑气散幽香，满蕙兰汀渚。绿芜平畹，和风轻暖，曲岸垂杨，隐隐隔、桃花圃。芳树外，闪闪酒旗遥举。

羁旅。渐入三吴风景，水村渔浦。闲思更远神京，抛掷幽会小欢何处。不堪独倚危樯，凝情西望日边，繁华地、归程阻。空自叹当时，言约无据。伤心最苦。伫立对、碧云将暮。关河远，怎奈向、此时情绪。

淑气散幽香，满蕙兰汀渚：即“满蕙兰汀渚，淑气散幽香”的倒装。淑气，和暖的气息。

日边：指汴京。

虽然是在羁旅之中，柳永却也曾忙里偷闲，他乘着兰舟，前往那烟波浩渺之中一尽雅兴。汀渚之间满是蕙兰香草，暮春的和气之中散发着沁人心脾的幽香。词中景致由远及近，原野、垂杨、桃花、酒旗，写法简洁却又不失细致，勾勒出了一幅清新淡雅的水墨画卷。

词的下阕，柳永怕是坐着船又踏上了行程吧？透过窗户，不难看出船儿已经到了苏州，柳永的心思却是回到了汴京，只能独倚桅杆，凝神眺望。此时，他已是大彻大悟了，“空自叹当时，言约无据”——若不是写《醉蓬莱》之时的肆意胡言，自己又怎么会踏上如此颠簸的仕旅呢？只可惜此时早已远离汴京，只能徒叹奈何了。

对于柳永而言，苏州是极其熟悉的，少年之时意气风发的他曾出游到此；登榜之后，初入仕途的他曾在此为官；失意之刻，苏州也是他被贬出的第一个处所。此时前往苏州为官，不得不让人怀疑是造化弄人、上天意旨。经过四年的颠簸，终于再次看到了熟悉的景和情；经过两地分离，终于再次和妻子儿女团聚；经过世事沉浮，终于到了花甲之龄，不再计较许多；又或者是如美人般绰约的苏州美景让柳永的心灵得到了休憩，此刻的柳永才算是真正地安定了下来。他的笔端，少了唠叨抱怨，少了悲伤自怜，而是更多地引向了人杰地灵的苏州，引向了往昔峥嵘瑰丽的历史，如《双声子》：

双 声 子

晚天萧索，断蓬踪迹，乘兴兰棹东游。三吴风景，姑苏台榭，牢落暮霭初收。夫差旧国，香径没、徒有荒丘。繁华处，悄无睹，惟闻麋鹿呦呦。

想当年、空运筹决战，图王取霸无休。江山如画，云涛烟浪，翻输范蠡扁舟。验前经旧史，嗟漫载、当日风流。斜阳暮草茫茫，尽成万古遗愁。

断蓬：即飞蓬，此处比喻漂泊无定。唐王之涣《九日送别》诗：“今日暂同芳菊酒，明朝应作断蓬飞。”

姑苏台榭：姑苏，即姑苏山，在今江苏吴县西南。吴王夫差造姑苏台在其上。

牢落：稀疏的样子。

惟闻麋鹿呦呦：出典自《史记·淮南衡山列传》：“伍被……怅然曰：‘上宽赦大王，王复安得此亡国之语乎！臣闻子胥谏吴王，吴王不用，乃曰：臣今见麋鹿游姑苏之台也。今臣亦见宫中生荆棘，露沾衣也。’”后以“麋鹿游”比喻繁华之地变为荒凉之所。

翻输：反不如。

范蠡扁舟：指西施和范蠡泛舟游西湖事。

写历史的词在《乐章集》中并不常见，这首词中的柳永已不再缱绻于羁旅之情了，偶有一句“断蓬踪迹”，露出了些许漂泊之感。词人乘兴游览姑苏，却发现当年雄踞一方的吴国现在已成荒野了。

站在荒凉的古迹之上，柳永的思绪不由得回到了战火纷飞的历史中，“想当年、空运筹决战，图王取霸无休”，写的是吴越争霸中拔得头筹的夫差；“江山如画，云涛烟浪，翻输范蠡扁舟”，点出的是范蠡、西施主导的美人计。当年的风流，俱成过眼云烟了——“尽成万古遗愁”。下阕寥寥数语，便写出了无限的怀古之情。

还有一首同主题的《西施》：

西　　施

苎萝妖艳世难偕。善媚悦君怀。后庭恃宠，尽使绝嫌猜。正恁朝欢暮宴，情未足，早江上兵来。

捧心调态军前死，罗绮旋、变尘埃。至今想，怨魂无主尚徘徊。夜夜姑苏城外，当时月，但空照荒台。

苎萝妖艳世难偕：指西施之美，举世无双。《吴越春秋》：“乃使相者国中，得苎萝山鬻薪之女，曰西施、郑旦，饰以罗縠，教以容步，习于土城，临于都巷，三年学服而献于吴。”

捧心调态：传说西施有心痛的毛病，犯病时常用手捧心口皱眉头，看起来十分妩媚动人。

军前死：关于西施的去向，一种说法是吴亡之后被越国沉入江中。

荒台：这里指姑苏台。

这首词中，柳永描写的是那位为了国家付出了一切的美人西施，自古以来，“红颜祸水”的观点深入人心，西施为自己的国家献出了一切，却落得个“军前死”的结局。词人甚至幻想，到了今日，西施的冤魂也应在姑苏城外夜夜徘徊。柳永因为不入庙堂文人法眼的词而遭到贬黜，不知是不是借题发挥，以消胸中块垒呢？

在苏州，柳永度过了平淡而安逸的三年。三年任满，皇祐元年（1049）年底，柳永又前往杭州为官。在杭州，柳永又是一任三年。皇祐五年（1053），柳永曾作《望海潮》赠杭帅孙沔：

望　海　潮

东南形胜，三吴都会，钱塘自古繁华。烟柳画桥，风帘翠幕，参差十万人家。云树绕堤沙。怒涛卷霜雪，天堑无涯。市列珠玑，户盈罗绮，竞豪奢。

重湖叠巘清嘉。有三秋桂子，十里荷花。羌管弄晴，菱歌泛夜，嬉嬉钓叟莲娃。千骑拥高牙。乘醉听箫鼓，吟赏烟霞。异日图将好景，归去凤池夸。

参差：指依山而建的建筑高低不齐。

堤沙：堤边多沙路，故曰堤沙。

怒涛卷霜雪：指杭州大潮的壮观景象。

天堑无涯：指长江天堑。

重湖叠巘清嘉：指西湖的里湖外湖周边重峦叠嶂，清新秀丽。重湖，西湖被堤分为里湖和外湖，故曰重湖。巘，山。

千骑拥高牙：千骑、高牙均指太守。《陌上桑》：“东方千余骑，夫婿居上头。”高牙，牙旗高举。牙旗即将军之旗。

图将：画出。

写这首词时，柳永或是在西湖岸边，或是泛舟湖上，看着眼前美景有感而发。这首词先从地理切入，由古至今泛写钱塘繁华。接着又由远至近，写远处的烟柳、画桥，近处的云树、堤沙。词人想象着钱塘大潮的壮美、天堑长江的雄伟，接着笔锋一转，写到钱塘的富庶。

词的下阕，便由形胜转向了民情。“有三秋桂子，十里荷花”写出了美景，也点出了时节；“羌管弄晴，菱歌泛夜，嬉嬉钓叟莲娃”，写出了百姓的熙熙攘攘之乐。接下来，柳永照例是要夸一夸词中主人公的：太守您且“乘醉听箫鼓，吟赏烟霞”，尽情游览，不久必将大展宏图，前往朝廷做那栋梁之臣。

关于这首《望海潮》，《古今词话》有如下记载：

柳耆卿与孙相何为布衣交，孙知杭州，门禁甚严，耆卿欲见之不得，作《望海潮》词，往谒名妓楚楚曰："欲见孙相，恨无门路，若因府会，愿借朱唇歌于孙相公前，若问谁为此词，但说柳七。”中秋府会，楚楚宛转歌之。孙即日迎耆卿预坐。

孙何并未在杭州做过官，据薛瑞生先生《乐章集校注》考证，这里的孙何，极有可能是当时的杭帅孙沔。

柳永与孙沔在布衣之时就已相交，此刻前往求见，却被拒之门外，柳永便作了这首《望海潮》，拜托名妓楚楚在宴会之时将这首曲子唱出。孙沔其人，正史记载“跌宕自放，不守士节”，尤为好色，如此说来，柳永利用美貌的歌妓楚楚敲开孙沔家的禁严之门，也就说得通了。

据说，这首《望海潮》，不仅敲开了孙沔家的大门，竟然还惹得金主南侵，引起了一场偌大的兵戈。

宋人罗大经《鹤林玉露》曾有记载：

孙何帅钱塘，柳耆卿作《望海潮》词赠之云……此词流播，金主亮闻之，欣然有慕于“三秋桂子，十里荷花”，遂起投鞭渡江之志。

根据这个说法，“三秋桂子，十里荷花”描写的美景令人动容，竟让金国皇帝完颜亮起了南下侵宋之志，终至兵戈。如此说法，当然有些言过其实，国家大事怎么会如此儿戏呢？不过既然有此记载，至少说明柳词传播之广、名声之大，也可见《望海潮》的出众之处，绝对算是不小的荣耀了。

在杭州任满，即皇祐五年（1053）春夏之间，从此年至至和二年（1055），柳永的事迹便已是湮没无闻，无法考证了。

不幸中的万幸，嘉祐元年（1056），年已七十的柳永终于又回到他朝思暮想的汴京城。至于他为什么回来，回来做什么，都不得而知了。须知，古人七十致仕，即是退休之意。即使此时的柳永还在做官，他的仕途也走到了尽头。

踏上熟悉的街道，柳永的心中感慨万千，自写《醉蓬莱》忤逆了仁宗皇帝，他已在外漂泊了十几个年头，汴京还是那个他熟悉的汴京么？在和故人一同听曲攀谈之时，柳永写下了一首《思归乐》：

思 归 乐

天幕清和堪宴聚。想得尽、高阳俦侣。皓齿善歌长袖舞。渐引入、醉乡深处。

晚岁光阴能几许。这巧宦、不须多取。共君把酒听杜宇。解再三、劝人归去。

高阳俦侣：指酒友。

巧宦：指仕途中不靠事功而依靠机缘或钻营而升迁的。

杜宇：即杜鹃。传说帝王杜宇死后化作杜鹃。

劝人归去：古人认为杜鹃鸣叫声像“不如归去”。

词中又是一个风和日丽的好天气，柳永正和年少时期的酒肉朋友们把酒言欢，或是说起了过去的事情。看着眼前佳丽诱人的舞姿，听着动听的歌曲，柳永渐渐醉了。

唉……

柳永不禁长叹，自己已经老了……

晚年的时光又有多少？又何必再汲汲于名利？耳边响起杜鹃的鸣叫声，柳永的心中也暗自和道——“不如归去”。

少年成名，早年得意，却于科场处处碰壁；年近五十方才考中进士，又凭着词名飞黄腾达；然而福兮祸兮，又因一首《醉蓬莱》，导致仕途颠簸，再无起色。这首《思归乐》，便是柳永七十岁之时的心境写照吧？

才子落幕，行踪成谜

千年之后，柳永的暮年确乎成了一个难解的谜团，古人七十致仕，也就是退休，柳永自然也不能例外。既然他将汴京看做自己的家乡，魂牵梦萦了近二十年，大约也是留在了汴京，度过了余生。只是不知道当头发花白、牙齿脱落之时，当年心仪的佳人是否也已是美人迟暮、人老珠黄了呢？偌大的汴京城里，歌舞阵阵，灯火辉煌，若是回到当年，让我们看到那个略显佝偻的身影

柳永纪念馆中的柳永墓

时，该是如何地感慨世事变幻无定，把流年偷换了啊……

柳永死于何年，并无确考，从其生平履历看来，大约是卒于嘉祐三年（1058）以后。至于柳永的葬地，历来也是众说纷纭。

宋人杨湜的《古今词话》记载：

（柳永）沦落贫窘，终老无子，掩骸僧舍。京西妓者鸠钱葬于枣阳县花山。既出郊原，有浪子数人戏曰："这大伯做鬼也爱打哄。"其后遇清明日，游人多狎饮坟墓之侧，谓之吊柳七。

宋人祝穆的《方舆胜览》记载：

（柳永）卒于襄阳，死之日，家无余财，群妓合金葬之于南门外，每春月上冢，谓之吊柳七。

宋人曾敏行的《独醒杂志》记载：

（柳永）风流俊迈，闻于一时。既死，葬枣阳县花山。远近之人，每遇清明日，多载酒肴饮于耆卿墓侧，谓之吊柳会。

今人多信的“镇江”之说，最早见于宋人叶梦得的《避暑录话》：

永终屯田员外郎，死旅，殡润州僧寺。王和甫为守时，求其后不得，乃为出钱葬之。

这里的“润州”就位于镇江东南部。明朝万历年间的《镇江府志》也有所记载：

近岁水军统制羊滋命军士凿土，得柳墓志铭并一玉篦。及搜访摩本，铭乃其侄所作，篆额曰：宋故郎中柳公墓志铭。文皆磨灭，止百余字可读，云：叔父讳永，博学善属文，尤精于音律。为泗州推官，改著作郎。既至阙下，召见仁庙，宠进于庭，授西京灵台令，后为太常博士。又云：归殡不复有日矣，叔父之卒，殆二十余年云。

如此看来，柳永墓在镇江应该没有疑义了，但也有可能柳永仍然死于汴京，后来是由儿子柳涚改葬于镇江的。但不管其他记载如何，流传最广的却是《众名姬春风吊柳七》中那个令人动容的故事：

一日，在赵香香家偶然昼寝，梦见一黄衣吏从天而下，道说："奉玉帝敕旨，《霓裳羽衣曲》已旧，欲易新声，特借重仙笔，即刻便往。"柳七官人醒来，便讨香汤沐浴，对赵香香道："适蒙上帝见召，我将去矣。各家姊妹可寄一信，不能候之相见也。"言毕，瞑目而坐。香香视之，已死矣。慌忙报知谢玉英，玉英一步一跌地哭将来。陈师师、徐冬冬两个行首，一时都到。又有几家曾往来的，闻知此信，也都来赵家。

原来柳七官人，虽做两任官职，毫无家计。谢玉英虽说跟随他终身，到带着一家一火前来，并不费他分毫之事。今日送终时节，谢玉英便是他亲妻一般；这几个行首，便是他亲人一般。当时陈师师为首，敛取众妓家财帛，制买衣衾棺椁，就在赵家殡殓。谢玉英衰经做个主丧，其他三个的行首，都聚在一处，带孝守幕。一面在乐游原上，买一块隙地起坟，择日安葬。坟上竖个小碑，照依他手板上写的增添两字，刻云："奉圣旨填词柳三变之墓。"出殡之日，官僚中也有相识的，前来送葬。只见一片缟素，满城妓家，无一人不到，哀声震地。那送葬的官僚，自觉惭愧，掩面而返。

不逾两月，谢玉英过哀，得病亦死，附葬于柳墓之傍。亦见玉英贞节，妓家难得，不在话下。

自葬后，每年清明左右，春风骀荡，诸名姬不约而同，各备祭礼，往柳七官人坟上，挂纸钱拜扫，唤做"吊柳七"，又唤做"上风流冢"。未曾"吊柳七"、"上风流冢"者，不敢到乐游原上踏青。后来成了个风俗，直到高宗南渡之后，此风方止。后人有诗题柳墓云：乐游原上妓如云，尽上风流柳七坟。可笑纷纷缙绅辈，怜才不及众红裙。

歌妓们商议安葬柳永

柳永家满门官宦，自己做官也有十二余载，儿子柳涚也曾高中进士，按理来说，死后穷得无钱下葬，似乎并不可能。但既然柳永年轻时就以词扬名，和众多名妓关系非凡，那么死后惹得诸名姬前往祭拜——“吊柳七”恐怕也并非虚言。

有宋一代，柳永的词传播甚广，“凡有井水处，皆能歌柳词”，是广大老百姓喜闻乐见的，柳永也因此名动京师。然而在文人士大夫的眼中，柳词却是上不得台面的，只能算是“骫骳从俗”、“词语尘下”。

宋人眼中的柳永便是如此，和欧阳修、晏殊、苏轼等人相比，柳永还差得远。柳词之所以能够博得大众的喜爱，是因为柳词浅近通俗，所以那些世俗之人才能看懂，领会其中妙处。因此，柳永虽然名气甚大，却也让一些人不服气。南宋徐度的《却扫编》中就记载了这样一个故事：

刘季高侍郎，宣和间，尝饭于相国寺之智海院，因谈歌词，力诋柳氏，旁若无人者。有老宦者闻之，默然而起，徐取纸笔，跪于季高之前请曰："子以柳词为不佳者，盍自为一篇示我乎？"刘默然无以应，而后知稠人广众中，慎不可有所臧否也。

对柳词评价的高低不同，自然囿于评论者的眼界和标准。在当时社会看来，柳永的词实在太俗，一则和柳永的身世密不可分：既然身为风流浪子，难免左拥右抱，陷于软玉温香，柳词自然也逃脱不了时间地点的藩篱，动不动就露出一抹春色，缱绻于床笫之欢；二则柳永自己是个大俗人，他的词更是面向和他一般的风流客们，从俗窝里出来的艳曲儿，又哪里能脱得了俗，进得了整日文绉绉的文人法眼？

然而即便如此，柳永的成就也正如故事中所说的一般，并非随随便便就可以达成的。有宋一代的汴京，秦楼楚馆众多，勾栏瓦舍发达，唱曲的歌女们、作曲的乐工们、作词的词人们、听曲的浪客们自然不会少。论起和歌女们的关系、对曲子的了解、作词的水准、听众的喜爱，却只有柳永成了翘楚，还成了古往今来其中的独一份儿。柳永作词作出了水平，作出了境界，以至于当时闻名汴京甚至于名动天下，靠着娱乐大众到达如此高度，不得不让众多正统文人们为之汗颜了。

时过境迁。千年之后重读柳词再识柳永，便能从一瓶窖藏多年的老酒品出被时光酝酿的香醇。原本通俗易懂的词，因为时代变换而凸显了距离感；原本诚挚的感情，则仍然能通过词作表达出缠绵不断的思恋。柳词，更是在千百年间被人咏诵了无数遍，不知令多少痴情的人儿感同身受呢！正是因为时光浸染，柳词渐渐由俗文学蜕变成了雅文学，渐渐在文学殿堂中获得了更多的认同，攀升到了新的高度。

值得一提的是，柳永作词是为了娱乐大众的，随着时光流逝，他自己也被写进了文学作品中，成为了娱乐的一部分。伴随着戏子清脆的嗓音，或是电影胶片转动时的咔咔声，柳永已经不再是散落在历史星河中的粒粒尘埃，他成了字里行间依靠想象赋予生命的影子，或是舞台上被某位演员演绎的古装书生，或是荧幕上鲜活无比的影像。柳永的故事，有宋话本《柳耆卿诗酒玩江楼记》、明话本《众名姬春风吊柳七》，有元杂剧《谢天香》、清杂剧《风流塚》等等，以至于人们把真实的历史和戏说都给搞混了。

文学作品里的柳永往往是风流不羁的，甚至于飘逸出尘，如方外人。“（柳永）为人有仙风道骨，倜傥不羁，傲睨王侯，意尚豪放。花前月下，随意遣词，移宫换羽，词名由是盛传天下不朽”，看起来是何等潇洒！如此的柳永，读者读得畅快，观众看得爽快，便是符合了国人的心理，后人对于这位风流浪子便是愈加佩服。可是，翻开尘封的书册，看看真实的历史，便能明白柳永看似潇洒不羁，其实迫于无奈，表面风流倜傥，内里满是张皇。屡试不第只能借词遣怀，欲走仕途却一路坎坷，有心栽花花不开，无心插柳柳成荫，柳永留给后人的，只剩下了一个被文学作品改变过后的虚影，这恐怕连他自己也没有想到吧！

柳永年轻时就以词扬名了，他虽然以此自矜，却并没有把这当成事业，所信奉的依然是儒家传统文化中的出仕之道，可惜汲汲于名利半生，换来的却是一曲《醉蓬莱》断送了前程，背井离乡，颠沛流离。《宋史》中柳永无传，他作为官员的事迹已经埋藏在了图书馆的故纸堆里，只被寥寥可数的专家们作为历史的一页而加以研究。他曾不以为意的词作却发扬光大了，竟至家喻户晓，人人诵读，甚至连柳永自已也被写进了故事里，成为了一个浪漫的文化符号，真可谓造化弄人。

只是不知道千年之前的柳永若是知道了这一切，又会作何感想呢？

图书在版编目（CIP）数据

奇才·柳永 / 张宇光，朱晋平主编；刘超著. -- 太原：山西教育出版社，2017.7

ISBN 978-7-5440-8550-2

Ⅰ. ①奇… Ⅱ. ①张… ②朱… ③刘… Ⅲ. ①柳永（约987-1053）—传记—通俗读物 Ⅳ. ①K825.6-49

中国版本图书馆CIP数据核字(2016)第135342号

奇才 **柳 永**

刘 超 著

出 版 人 雷俊林
策 划 人 孙 铁
责任编辑 任小明
排版统筹 许艳秋
装帧设计 小海馬·书装

出版发行 山西出版传媒集团·山西教育出版社
（太原市水西门街馒头巷7号 邮编 030002）
印 装 山东临沂新华印刷物流集团有限责任公司
开 本 889×1194 1/32
印 张 7.875
字 数 116千字
版 次 2016年7月第1版 2017年7月第2次印刷
书 号 ISBN 978-7-5440-8550-2
定 价 32.90元
